我的青春我的梦
全国中学生校园美文精品集萃丛书

一番心事，重到眉头鬓上

只是突然好想你

《中学生博览》杂志社 选编

时代文艺出版社

图书在版编目（CIP）数据

只是突然好想你/《中学生博览》杂志社选编． —长春：时代文艺出版社，2018.8（2023.6重印）

（"我的青春我的梦"全国中学生校园美文精品集萃丛书）

ISBN 978-7-5387-5769-9

Ⅰ.①只… Ⅱ.①中… Ⅲ.①作文－中学－选集 Ⅳ.①H194.5

中国版本图书馆CIP数据核字（2018）第003482号

出 品 人　陈　琛
产品总监　郭力家
责任编辑　曾艳纯
装帧设计　李　斌
排版制作　隋淑凤

本书著作权、版式和装帧设计受国际版权公约和中华人民共和国著作权法保护
本书所有文字、图片和示意图等专有使用权为时代文艺出版社所有
未事先获得时代文艺出版社许可
本书的任何部分不得以图表、电子、影印、缩拍、录音和其他任何手段
进行复制和转载，违者必究

只是突然好想你

《中学生博览》杂志社　选编

出版发行/时代文艺出版社
地址/长春市福祉大路5788号　龙腾国际大厦A座15层　邮编/130118
总编办/0431-81629751　发行部/0431-81629758
官方微博/weibo.com/tlapress
印刷/北京一鑫印务有限责任公司
开本/700mm×980mm　1/16　字数/153千字　印张/11
版次/2018年8月第1版　印次/2023年6月第5次印刷　定价/34.80元

图书如有印装错误　请寄回印厂调换

编 委 会

编委会主任：刘翠玲　夏野虹　高　亮

编　　　委：宁　波　孟广丽　张春艳

　　　　　　李鹏修　苗嘉琳　姜　晶

　　　　　　王　鑫　李冬娟　王守辉

目 录

没有如愿以偿的人生

没有如愿以偿的人生 .... zzy 阿狸 / 002

我想买一座城堡用来快乐到无法无天 .... 夏南年 / 004

时光偷走最初的美梦，留我在人海漂流 .... 朱瑞琴 / 008

就让我们彼此都好好过 .... 浮　生 / 014

我自愿束缚于一地只因为那里有她啊 .... 李寻乐 / 017

明天和意外，意外先来你会怎么办？ .... 橙　二 / 020

从青涩到成熟，只能是你一个人 .... 顾　鲸 / 023

青梅竹马的岁月成诗行

青梅竹马的岁月成诗行 .... 7　乐 / 030

遇到你是我最好的幸运 .... 天黑了 / 034

少年乘风过 .... 李寻乐 / 037

青梅已无竹马在 .... 朱瑞琴 / 041

很抱歉，没能陪你一起喜欢 .... 兔子先森 / 045

冬日暖阳微风里 .... 夏南年 / 049

愿你一世安好 ....Dàn / 055

温暖心灵的细碎时光 .... 郑亚琼 / 059

我不是很懂你们男孩子

老几辈的爱情圣经 .... 夏南年 / 064

练字当练小楷，别问我为什么 .... 绸缪 / 069

我与文综组的故事 .... 走之 / 076

我不是很懂你们男孩子 .... 翁翁不倒 / 080

决战黑名单 .... 檐萧 / 084

喂，看我，你在害怕什么？ .... 二笨 / 091

绅士的品格·大连站 .... 小太爷 / 093

只是突然好想你

只是突然好想你 .... 淳一 / 096

写给一只蓝闺密 .... 终有同归成殊途 / 100

想你的 365 天 .... 姜山秀 / 106

这个夏天还没有过完 .... 殊途 / 110

愿你长乐未央安然无恙 .... 苏意 / 114

还好遇见你 .... 黄韫秀 / 117

山上花开遍，多希望你在 .... 超人先森 / 126

你我的梨花不忧 .... 浅昔 / 129

暮寝思之 .... 九人 / 133

你依旧是我最美好的少年

四方是最亲爱的天堂 .... 夏南年 / 138

你依旧是我最美好的少年 .... 吴一萍 / 142

成说 .... 李　晨 / 146

还好我们早早遇见 .... 李寻乐 / 150

你可能不会喜欢我 .... 谈阿宝 / 153

亲爱的嘉清爷 .... 亦青舒 / 159

如果你也刚好喜欢我 .... 成群飘 / 163

没有如愿以偿的人生

那天晚上,班主任和年级长轮番找我谈话,甚至连隔壁班的班主任也来找我。他们的目的只有一个,劝说我留下来。我忘了那天晚上他们说了些什么,我只记得每一个闭眼的瞬间仿佛都要睡过去了。签了合同后,我趴在桌子上睡了很久。几天后,班主任在班会上宣布直升名单,念到我的名字时,我把头埋得很低很低。

没有如愿以偿的人生

zzy 阿狸

2012年4月，每天下午四点我都准时出现在二百米的起跑线上，为体育中考作准备。

年级给出了三年总成绩的综合排名，前二百名能获得体育免试资格，但前提是签订直升本校高中部的合同。我误打误撞地出现在名单内，惊喜之余更多的是犹豫，因为我想考市里另一所百年名校，师资实力和教学资源是我考上大学最好的保障，但这意味着我要放弃本校的直升资格。

预备，跑！

学霸遥遥领先，很久后另外三个人几乎同时到达终点，四个人冒着雨客气地互勉，却在听到老师骂骂咧咧的声音后吓得不敢吱声。因为我们仍然没有摆脱倒数的命运。

学霸放弃了直升资格，因为考取全市前三名被省实验中学录取更具吸引力。剩下的三个女生和我很要好，她们也在直升名单内。我们曾花了一个晚上来讨论到底要不要留下，我们聊应试、聊教育、聊理想、聊人生，胡乱涂鸦的草稿本写满了我们的满腔热血，最后的讨论结果是：为了诗和远方，我们拒绝留校。由于过分激动，字写得龙飞凤舞，简直不能看，阿MEI颤抖地说："哎呀，这么具有历史性的一刻居然写在草稿本上！"

是不是草稿本太潦草，所以最后的结局注定比较荒唐。

我们之间出了一个叛徒，叛徒就是我。

体育中考的前一周我被体育老师骂得狗血淋头，二百米还是不合格，最后我被罚加训半个小时。扒了几口饭后，我顾不得一身臭汗，匆匆忙忙赶去教室自习，那一刻身上每一个细胞都充满了绝望。

那天晚上，班主任和年级长轮番找我谈话，甚至连隔壁班的班主任也来找我。他们的目的只有一个，劝我留下来。我忘了那天晚上他们说了些什么，我只记得每一个闭眼的瞬间仿佛都要睡过去了。签了合同后，我趴在桌子上睡了很久。几天后，班主任在班会上宣布直升名单，念到我的名字时，我把头埋得很低很低。

考完最后一科坐班车回学校的时候，我惊喜地发现学霸是我邻座。没出息的我不要脸地和她打招呼，几年后的我甚是感谢当时没有做握手合照这种蠢事儿。中考成绩出来后，学霸毫无疑问地被省实验中学录取，从此踏上了光芒万丈的人生路。班主任对她啧啧称赞，被名校录取等于一只脚踏进了清华北大。

她的人生似乎已被写好，不容修改，所以我完全没想过四年后我们会在校道里相遇。

那天她笨拙地骑着自行车从我面前经过，我下意识地转过头假装没看见她，动作熟练得像排练过无数次。

我没办法面对的是趋利避害的自己，以及别人家的小孩长大后泯然众人……

后来兜兜转转我才明白，这些都是人生的必修课。梦想成真固然好，而没有如愿以偿，其实也是人生的一部分。

我想买一座城堡用来快乐到无法无天

夏南年

1

最近出了趟远门，昨天下午又跑出去看电影，临走前刚换了饭卡，这就导致我一周饭卡都是没钱的。充卡的地方开门时间太短，想人少的时候充，只有每天下午第一节课的时候，我看了下课表，这样的话我仍然是两天没饭吃。

柜子里的泡面早就没有，麦片还剩五袋，出校门那么不方便，我打开淘宝想买点速溶藕粉和小面包，于是我很尴尬地看到双十二这种东西跳了出来。

十几块钱到三十多块钱的东西，无条件五元红包双十二时使用，我看了一眼日历还差四天，所以我到底买还是不买？

这个问题我纠结几年了。其实我挺怀念小学时候的自己的，虽然那时候一点儿经济来源都没有，而我妈信奉小孩子不用拿钱，"你要买什么？真正有用的你跟我们说，我给你买"。

可是我也知道学校门口那种可以拉很长的彩色拉面王是不健康的，有人说那种软软的弹球是软塑料做的，辣条的背后只有一堆脏故事，还有那时候流行《虹猫蓝兔七侠传》，印着蓝兔的小胸章根本没有用，这些东西汇聚起来，不能让学习成绩提高一分。

而在我妈眼里，哪怕是名著小说她都不希望我看，这些不能让学习提高的东西，一文不值，一分钱都不能在上面浪费。

很多时候我妈接我走在放学的路上，我都特别羡慕那些去小饭桌的学生，他们通常有零花钱，而且自由。

从小我就不听话，我妈对钱的管理也不是很到位，于是我偷偷翻她的包。再之后，我像是为了弥补之前眼巴巴望着在学校门口吃辣条的小孩儿那样，每天都去我妈包里拿十块钱。

我妈当然检查我的书包，对此我一直无师自通，硬币可以藏在餐巾纸包里，纸币就把包了书皮的书皮先打开，把钱扔进去，再重新包上，当时我们音乐课要带竖笛，那也是我藏钱的最佳地方。我妈无论如何也想不到，我会把竖笛拆成几段，把钱折得很小塞进去。

既然钱那么艰辛地带去了学校，无论如何也都得全部花完，下午是奶奶接我的，每次我出门都把书包给奶奶，说要去洗手间，然后悄悄穿过学生和家长的大军，直奔小卖部和路边摊。

口袋书啊彩笔啊廉价的指甲油香水，还有挂在脖子上的带彩沙的劣质小瓶子，每一样我都有一大堆。我经常躲在店里拼命吃辣条，吸溜着装在吸管里酸酸甜甜的糖，汽水糖以及现在看到一定会嫌弃好脏的装在小瓷碟里的果冻，那时候完全不顾形象，吃得不亦乐乎，这些兴奋的时光我都清晰地记得。

我不用在乎是不是花了很多钱，我只需要把身上的钱都花完。

到了五六年级的时候，我中午放学可以自己去奶奶家了，也开始私留几百块压岁钱，换开后就去买《儿童文学》和花花绿绿八块钱一本的言情小说，毫不夸张地说，就算我看不完，也每天都去买一本，真的是每天！从来不会像现在这样，花五十块钱都要深思熟虑。

现在也会买书、耳钉以及零七八碎的手链小物品，可是买之前纠结一整天，买之后忍着想要点击退款的冲动看着它发货，拥有东西的喜悦被瞬间冲淡了百分之九十。

小时候买了书和冰棒高高兴兴往家跑，那时候阳光灿烂得晃眼睛，空气中满是青草明亮的香气。

那种敢把钱花光的安全感真美好。

2

跟我爸去必胜客和蛋糕店我都有个习惯，说一大堆相似的话。

"等我有钱了我就买这个彩虹蛋糕。"

"等我有钱了我就买这个看起来就很诱人的布丁尝尝。"

"等我有钱了就买大份鸡翅和土豆浓汤……"

我爸一脸无语："你想吃就点啊，又不差这点儿钱。"我心花怒放地看看价格，最后只买了面包和一份饭，于是那份饭的味道被打了折扣。

上次在上海逛大厦也是，我试了一件大衣，那个营业员说："现在很划算的，买两件打六折，这件打过折只要六百多。"我妈还准备再买一件凑个打折，再转身，我已经灰溜溜地走了。

不知道是从什么时候养成的习惯，看着购物车里自己特别想拥有的东西一样一样失效，心疼得要命，就是不舍得买，没有那些很容易剁手的人的洒脱，也不理解自己怎么会这样。

我的确不是爱花钱的女生，高中的时候是有一点儿存款的，现在一年清理一次几千块的购物车也不是太难的事情，但我就是会很心疼。

前段时间一直想买赵雷的专辑，是买了，但那是在我看中的一家店那张《赵小雷》下架的时候，我瞬间慌了，专辑这种东西不比其他，正版没有了，以后也不会再有了。

我当时下单的钱是找怪姐借的。事后才发觉应该直接下单，那一大堆犹豫的时间，我完全可以多读几本书多看几部电影，或者写篇文，没准买专辑的钱就赚回来了，哪怕睡觉也可以啊，至少下次和不常见的人见面，迎来的第一句话不是"你黑眼圈太重了"。

这种觉悟，高一时的我就有。

那时候组织了一场研学活动，参加的人要交三百五，我很快乐地蹦跶去交钱了，然后看了马戏表演，玩了各种各样的东西，晚上吹着冷风喝啤酒吃烧烤，无比兴奋。回去我心想那些马戏里的小动物真可怜，就写了两篇自己特别喜欢的童话，后来去掉交的费用，还够我吃顿大餐唱次K，继续欢闹下去。

3

突然觉得不舍得花钱是件很不值得的事情，所以我姐让我跟她出去玩儿后，她还在父母的迷惑里犹豫到底去不去的时候，我已经订好了车票并且告诉她："你不去我一个人也会去。"

我比之前已经好很多了，买近千块的车票哪怕只玩三四天也不在乎，我一直试图让自己坚信，用钱能换来大把的美好，事实上也的确如此。

之前问室友元旦假期去不去浙江玩，直接忽略了节假日做兼职价钱三倍这么诱人的事情，我有点儿遗憾地说："好吧，那我找别人或者回家。"后来和好友商量，她有时间的话就一起走，没时间我就回家一趟，整理一下东西，收拾一下心情，反正三天的假期也不想碌碌无为。

我宁愿用空钱包换来大把的阅历和勇气以及美好的记忆。

读的书、看的电影以及走过的路，酸甜苦辣只有自己才最清楚，去太原前我爸一个劲儿说车票那么贵，路那么远，别去了，不值得，可是价值这种事情，当开始用钱衡量的时候就已经贬值了。留着力气变得美好就足够了。

我这么懒的人已经不想再拼命纠结怎么样可以少花几块钱了，我只想买一座属于自己的城堡，用来快乐到无法无边。

时光偷走最初的美梦，留我在人海漂流

朱瑞琴

1. 我还是很快乐啊

说实话，我不喜欢期中考和期末考，因为重要考试时座位便会重新排列。这就意味着我和林佳伟要距离好远。虽然是在同一间教室，但是却是两个极端：我坐在第一组的最后一个座位，他坐在最后一组第一个座位！

想到这几天都不能好好跟他聊天，不禁有点难过。

林佳伟身边从不缺少女生。他长得好看，成绩又好，性格开朗喜欢开玩笑，这样的人，无论走到哪儿都不会有人有理由讨厌他吧？

我喜欢他。他是那样自带主角光芒的人，而我却是卑微到尘埃里，没有人会喜欢。

今天考语文，本来是擅长的科目，却不知为何写着写着总会不自觉地向林佳伟的方向看。可惜林佳伟与我相隔太远，连最靠近他的人也没看到。

心突然有点慌，总感觉会出点儿什么事情。

直到语文试卷交上去，我才恍然惊觉作文好像写跑题了，造句子的题因为需要想一下便先跳过现在也忘了写！这下糟了，要知道我偏科啊，只有语文能帮我拉分，只有语文是我的骄傲，现在这一切全完了！

回到宿舍，宿友和我对语文题。我直愣愣地听着她有条有理地分析那道与我写的答案截然不同的题目，她越说得手舞足蹈我的心就越凉。

"NO！停停停！让我静一会儿。"我朝她摆了摆手制止了她的长篇大论。

忽然想起每天上QQ的第一件事就是去林佳伟的QQ主页上赞他，于是急忙点开他的主页，却发现他换了一个新头像。我把他的头像放大，这好像是情侣头像！

这难道是他和隔壁班课间总来找他玩和他暧昧不清的那个女生在一起了？仿佛为了证明我的猜想，QQ叮叮咚咚响起来。

是班群的人。她与隔壁班的那个女生是闺密。估计也看到他们新换的头像，在班群上艾特林佳伟，询问他的头像是怎么回事。

林佳伟很快在班群上回复了她："她竟然让我跟她情侣头像，我其实是拒绝的。"语气是那样的漫不经心。

可是就是这样几个字，代表了什么已不言而喻。刹那间我头脑一片空白，我的世界天昏地暗。

耳边的音乐不知道什么时候放完了，现在放的是刘惜君的《我很快乐》。"我也不会难过，你不要小看我，有什么熬不过，大不了唱首歌，虽然是悲伤的歌，声音有点儿颤抖，也比你好得多，我还是，很快乐。"

以前总是觉得她这首歌只不过是一个失恋的人的自慰罢了，而现在似乎有点儿理解了。

我轻轻跟着旋律哼唱，我还是很快乐啊。

2.你是逗萌星球来的吧

林佳伟是一个让老师又爱又恨的人。他成绩好但总是不分场合地开玩笑，是班里的活宝！没有之一！

每科老师上课都要点几次他的名，忘了说，我们班是全级学霸最多的班级，全级前十名有五六个在我们班。但同时也是课堂纪律最坏的班级。

某天上生物课。

"同学们，今天我们来讲变态发育。"生物老师慢悠悠地说道。

林佳伟本来趴在课桌上昏昏欲睡，一听到"变态"这两个字就立刻来了精神。

"变态发育分为完全变态和不完全变态两种……"

生物老师开始讲课，但班里总是有人因为她讲的内容吃吃地笑。

"完全变态发育是经过卵、幼虫、蛹、成虫四个时期……"

林佳伟听着听着又开始困了，无聊地东张西望。

他转过头，想要和后面的男生说话，我顺着他的视线也往后看，只见那男生把自己裹得像一个蛹般在睡觉，还打呼噜！

林佳伟盯着那男生看了几秒："哈！狗盛是完全变态！哈哈哈！"声音不小，全班都把视线集中在他身上。

我忍不住嘴角微翘，眼带笑意地看着这个让我心生欢喜的少年。

老师站在讲台上面色铁青地看着林佳伟，虽然在我们班，学生打断老师上课也不是一次两次，但可能那天她"亲戚"来了吧，情绪格外暴躁。

"你！给我站起来！虽然刚才班里不是只有你一个人在说话，但你是最典型的那个！在我的课堂上，几乎每次都要点一次你的名字，你就不能让我省心一回？"老师走下来，站在林佳伟旁边也就是我前面。她本来就带着扩音器，这下还用吼，声音之大在下无力描述。我一直皱着眉头，心里不止一次地祈祷她快走开，她再不走，估计我们几个的耳朵就要废了！

全班没人敢说话了，也没人敢把耳朵堵上，连呼吸都小心翼翼的。

但林佳伟除外。他站起来后漫不经心地弹了弹耳朵，仍旧笑嘻嘻地说："老师不要生气嘛！你看我耳朵都要震聋了，震聋了可就不能听见老师的话了，那我不就更加放肆了吗？"

"扑哧！"没办法，他怎么能这么搞笑呢！让我竟然敢在气氛沉闷又寂静的教室和生物老师能够杀死人的眼神下笑出了声。

这下全班都在盯着我，不知为何，全班竟然都狂笑起来。也许笑能传染？

生物老师见事态有点儿严重怕耽误上课就此罢休了。

而每天在班里几乎都得进行这样的一场闹剧，而主角都是他，他的脑子里究竟都装了什么？每次都能换一种说法和理由让全班哄堂大笑！他是逗萌星球派来笑死我们这些笑点低的地球人的么？

3.那些小时光我还记得

我曾忐忑不安给他发悄悄话，手机显示发送成功后我就万分期待地不停刷新数据。只是过了很久，他都没有回我。

我试过在网上找笑话看然后在课间大声讲给同桌听，只为了让他听到；我试过喜欢他喜欢的事情，比如听说他喜欢薛之谦的歌，我就将薛之谦的歌单曲循环；我试过用文字表达我对他的喜欢；我试过喜欢那些枯燥无味的英语单词和数学公式……

只是我有点累了啊，也对，暗恋本来就累。

关于他这个人啊，什么都好，就是有一点不好，他不喜欢我啊！

记得那次，我在下课的时候趴在桌子上用练习本编织一个属于我和他的故事。他忽然凑了过来，那是我们靠得最近的一次吧。

我急忙用手掩住本子："不许看！我在写小说呢！"

他那个时候惊讶的表情我真是现在还记忆犹新。他说："你会写小说啊，好棒，要加油哦！"

他又怎能懂他的这句话于我而言，是有多大的分量，哪怕他只是随口一说。

之后我便铆足了劲地写写写，写不出的时候我就听着他听过的歌，暗暗鼓励自己。

但投给编辑的稿子都石沉大海杳无音讯。

那些小时光啊，我都还记得，犹如记得那时简单的小心情。

4．一切都会好的

要是文章能发表就好了，我总是这样想。

奇迹是努力的另一个名字，这话果真不假。

收到样刊的我并不高兴，因为这是我少数没有写他的文章之一，竟然能发表，而写给他的文都没有消息。

但这总归是一个好的开始，我将样刊带到学校，在下课时趁他还在座位上，跟同桌聊我写的文章什么的。

林佳伟闻言一怔，转过头来，指着我的样刊："这是，有你文章的杂志？"

我点点头："这是我写着玩的。"看似轻描淡写的一句话，其中的努力也就只有我自己知道。

他一把抓走我摊开在桌子上的杂志："借我看下！"

我当然巴不得。他看完后居然与我交流起来。

此后，我一带杂志去班里，要是让林佳伟看到就会问我，这些杂志里是不是有我的文。

我略带玩味地说："你希望有我的文啊？"

"哈哈，是啊，毕竟有你这么个才华横溢的后桌我说出去脸上多有光啊。"林佳伟笑声爽朗。我却矫情地想起了一句话，你一笑，天地间，我只看得见你，再也容不下别的。

那我会更加努力地写稿，争取在那个女生面前少一些自卑！

不知道为何，林佳伟好像安静了一点儿，整天下课不是在复习书本就是预习新课，成绩变得更好，也更稳定了。老师口中的他已经由贬义变成了褒义。

他这么优秀，让我也不忍落后。

那段时间的我们，坚信只要努力，一切都会好的。而的确如此。

5. 时光偷走最初的美梦，留我在人海里漂流

我始终记得，那天那个少年说喜欢我的场景。

但是已经太晚了，于我，于林佳伟都如此。

那天，我才知道，原来他所谓的和老师作对只是为了引起我的注意；原来他所谓的女友只是他远房亲戚；原来他所谓的跟我后桌秀恩爱也是为了让我吃醋；原来他是看我发表文章怕和我差距太大才沉下心来学习；原来有太多太多的原来……

可是怎么办呢，他考上了省级高中，而我依然在这个小城里。我还是那么卑微，他依然还是那么耀眼。

这一切都已太晚太晚了。

最后我们还是陌生成从未遇见的模样。

要知道，两个不同世界的人啊，是怎么都走不到一起的啊。

就让我们彼此都好好过

浮 生

　　这已经是我们分开的第五百五十七天，我在呼和浩特和林格尔。现在是深冬季节，风很大，天很冷，我还是会经常想起你。穿着跟你同款的大衣，深一脚浅一脚地踩在雪地里，摸摸被冻红的鼻头，才想起没戴口罩。我会突然想起你，想起你会拍拍我的头，牵起我的手放进你口袋里，然后宠溺地笑着说我傻瓜，语重心长地告诉我下次出门记得戴手套。外面下着鹅毛大雪，我窝在几十平方米的拥挤小宿舍，整个人缩进被窝，抱着零食看电影。抑或我独自一个人吃饭，上课，看电影，一个人活成坚强倔强的模样。在这些时刻，我都会突然想起你，想你最爱的歌，最喜欢的歌手，想你对我的宠溺和我们之间的甜蜜回忆，想你的怀抱，环着我的手臂，还有你身上特别的无比踏实的气味。

　　青涩不及当初，聚散不由你我。而最后的结局也同样告诉我，物是人非。隔年半光阴，你是我再也回不去的愿想。但你不知道的是，异乡的风尤为凉薄。上完公共课后，我紧紧环着双臂急促地走在萧瑟的校道，迎面吹来的刺骨冷风带走了我身上残余的温度。耳机里传来苏打绿的歌，青峰温暖柔和的声线在寒冷的深冬里总是会带给我一丝丝的心灵慰藉。那时候怀揣整个少女时期的梦想，喜欢一个明星就想要收集好多关于他的海报与贴纸，喜欢一个人就想要了解他的所有习惯与爱好。而如今不再年少，也比那时更加懂感情，却再也没有当初的心境。

那时是初春季节，小城桃花盛开，团团簇簇，为平淡无奇的场景点缀了些许美丽。我拉着你跑到最高教学楼的天台，远观片片花海，兴致勃勃，眨巴着眼睛央求你带我去摘桃花。你佯装严肃的模样，拉着脸数落着我的幼稚，但最后还是陪我翘掉数学老头儿的晚自习，推着单车带我去二中摘桃花。凉风习习，吹开你飞扬的衬衫，吹动你衬衫上的纽扣。到了二中门口，你把单车放在行道旁，挽起袖子去为我摘桃花。那一刻，在昏黄的路灯光线下，阴影与温暖倾泻而下，时机好得不得了，柔和又美好。我迅速拿出老牌手机，"咔嚓"一声，记录下这一瞬间的美好。2015年的那天，我在空间相册里发布出那晚的桃花，你温柔认真的眉眼与灯光下忽明忽暗的侧脸，是我一辈子都抹不去的印记。

你每天都会送我回家，把所有内心的牵挂托付给我。有雨的季节里，你总是会为我撑伞，执意把伞的大半部分推到我的那一边，不顾自己的肩被雨淋湿。回家途中，街道旁的小商店里传出陈奕迅的歌，不知道是不是下雨天的映衬，他的嗓音显得格外有韵味。

我们都爱街角的老马烧烤，总是喜欢鸡翅配上变态辣酱，烤馒头片配上孜然、芝麻、辣椒油，烤绿豆角加土豆片。在我们眼里，那简直是食物的完美集合。我们都喜欢在烟火缭绕中啃着馒头片，嘲笑对方嘴角残留的痕迹，然后抹抹嘴，心满意足地大笑。夏夜的风混杂着烟气的烧烤味，那是最让人难以忘怀的味道。不知道那个时候你有没有想过——就这样一辈子下去吧，反正我是有的。后来，我再次去了街角，点了我们曾经最爱的食物，还是曾经熟悉温暖的味道。当老板抬头问起经常与我一起来的你的时候，我红了眼眶。

我还记得关于你的所有细枝末节。你喜欢辗转几条街去买街头的阿姨牌老街胡辣汤，你很迷恋五块钱四块的红豆味馅饼，你说吃起来有温暖的感觉。你认真做事的样子很迷人，举手投足都很洒脱。你很喜欢地理，想走遍海角天涯；讨厌数学，厌倦条条框框的定义与冗杂繁多的公式。你穿校服时常敞开拉链，喜欢穿衬衫，习惯折两圈裤脚。你是个有爱的吃货，喜欢吃各种各样的坚果，讨厌吃蔬菜。你的所有模样，我都记得。

有人说，生活中细枝末节最深入人心。后来我才知道，能让人铭记的不是某个细枝末节，不是某个冬夏季节，而是某个人。因为他给我带来了致命的温暖与曾经，在悄然无息中带给了我最难忘的记忆与忘不掉的过去。我不愿忘掉他，不愿忘掉他陪我一路走来的那段经历，不愿忘掉与他相处的所有细枝末节。

现在，我们各奔东西，去到了不同的城市，在自己的一方天地里蜕变着，褪掉所有的单纯与无知，继续坚强努力地活着，经历着生活给予我们的所有洗礼。我从他人口中听说你过得不错，我也还好。所有真实的美好和滚烫的回忆于我而言，是最美的月光。那时无畏，那时洒脱，那时简单，那时不懂生活的沧桑，那时我们还在一起。相伴一年六个月零九天后，分开的那天是我的生日。而分开的原因平淡无奇，时间与距离无疑是最大的阻碍。一度认为自己很坚强，可以扛过所有的伤，然后转身对世界报以微笑，可是你的离开却让我如梦初醒。这么多年，你一直在我的记忆里兜兜转转，我也没有足够坚强，所以你比我想象得难忘多了。我在你看不到的地方努力汲取光芒，我很好，虽然很想你，却依旧学着放下了你，所有的触动也随着时间的流逝逐渐黯然。但是，还是希望你能记得，在漫长的时间长廊中，有一个人为你付出了这么多。后来，我的所有思念被自己收藏，也逐渐学会了告别。我没挽留，你也没有回头。也罢，也罢，也就这样吧。

事已至此，就算了吧，还是祝你幸福。就让我们把回忆放在心底，各自好好过吧，愿我们在以后彼此都看不到的岁月里熠熠生辉。

我自愿束缚于一地只因为那里有她啊

李寻乐

很久很久没有哭过了。

高考填写志愿的时候,妈妈希望我留在家附近的一所师范大学,离家近,以后毕业留在家乡当一名老师。妈妈笑着和我说起这个,眼神里似乎闪过未来的片段:我闲时回家和她聊天,她想念我时坐上公交车几站路便到学校,提着自己刚做好的好吃的,看看我有没有瘦。

我脑子里有过一丝的犹豫,但过了一会儿还是冷冷地拒绝了。少年人的未来里应该和祖国的山河湖海、多少梦与远方作伴,怎么可能束缚在一地。我毫不留情地掐灭了妈妈的这个念头,不顾她渐渐黯淡下去的神情转身就走。

多酷,多洒脱。我不由得得意起来,并且坚定地认为时间会向她证明我是对的。

那天我住在同学的家里,手机也关机,想着用这个来证明我"去远方"的决心。夜深时我做了个如画的梦,可没过一会儿就被同学的呼喊声吵醒,他拿着手机冲着我轻声说,是你妈妈。被打扰美梦的我心情极其不佳,拿着手机不耐地道了句干吗。片刻后,是一声小心翼翼而又惶恐的声音,妈妈在手机那头轻轻地说,别生妈妈气好不好,志愿你想填哪就填哪。

我一下子说不出来话,事情一如我所料的那般顺利,打好的腹稿该一口气地说出来，可不知怎么只能说上一句："嗯，妈你早点儿睡。"

之后填写志愿，而后拿着妈妈给的旅游资金去喜欢的城市玩耍，紧接着在9月的艳阳里走进远方大学的怀抱。刚进入大学的我像鱼儿入海一样，面对来自全国各地的同学，不同的方言和口音，美丽的学姐、帅气的学长，好玩的社团组织，这一切都让我迅速沉浸在学校里，忘记了答应妈妈经常打电话的事。仅有的一些交流也只是简短的"没有生活费了"，"最近天气还行"，嗯嗯啊啊的那样。简单到室友以为电话的那头是个无足轻重的人物。

我和妈妈之间像是隔着千山万水，她主动靠近我的想法也被我毫不留情掀起的大浪打翻。其实很早很早以前我曾经有过再也不要理她的想法，那是在我满是负能量、满是不安的高三时期。

妈妈是个极其啰唆的人，而我偏偏自诩饱受新时代的熏陶看不上她那些道理。我成绩还行但却始终到不了前列，快要高考的时候一度波动如大浪，有过全班第十也有过倒数第十。我开始担心我的梦与远方，心急火燎地想要稳定成绩。然而我老派的妈妈只会唠唠叨叨，在我本就不安的心上狠狠地加上一块重石。

就凭这个我曾赌气地说过，以后走得远远的再也不要被你烦。

也许我的心里早就忘记这样的气话，但进入大学后难得一次的通话大抵便是印证。就如同曾经妈妈压在我身上的石头一样，返还了一个更大的回去，压得你喘不过气来。

我不爱打电话给她，妈妈也渐渐减少了打电话的次数，只有在发生活费时简短地说上一句。大二的上学期，姐姐给我打了个电话，生气地问我为什么不打电话回去，妈妈摔到腰住院了，我才打了个电话回家。电话里妈妈的声音似乎弱了许多，同过去多少年中气十足的声音不同，无端地透着股暮气。

妈妈老了。没有在养大子女这段艰难繁重的岁月里老去，而是在儿女有了远方自己应该享受的时候老去了。一直因儿女尚未长大不敢老去的人啊，在儿女看不见的地方悄悄日暮。

姐姐哭着说为什么我不主动打电话回家，为什么可以在空间朋友圈里放着四处旅行的照片，可以因为一顿晚饭因为刚写完的一张字帖而精心编写说说，却怎么也挤不出来时间和妈妈聊天。我茫茫然不知所措，那个夜里不停地发着语音向妈妈道歉，我一个劲儿地说对不起，然而很久很久都没有回复。第二天一早妈妈发了张自拍，语音里笑着说昨晚睡着了。她看上去心情很好，我像是才意识到自己于她而言的重要性。我抛下往常所有的借口，抛下年少轻狂的念头，隔三差五地打电话回家。

今天吃了好吃的，买了暖手宝，参加了什么活动，去了哪个地方，妈妈想听的我都说着。电话气氛一反常态地好，时不时的玩笑可以让我一整天都有了劲儿。其实很多时候，一个简单的电话便可以达到看无数治愈影片、书籍的效果，因为电话那头的人啊，一言一行都是那样的温暖和舒服。

我笑着说以后的以后，未来的未来我干脆一个人陪着你算了，养着你直到离开这个世界。小时候妈妈最爱问我的问题——长大以后你要不要照顾妈妈呢？终于在这个时候有了回答。当然要啊。可到了这个时候，她高兴而又担心地反驳着，那可不行，你一定要找到陪伴你的人，我老去的时候你才不孤独。

嗯，于妈妈眼中我向来是要被照顾的一方，孤独绵长的岁月她又怎么舍得让我独自承受。

多年来的第一次泪水终是忍不住流了下来，少年意气风发的岁月啊，有山有水的江湖啊，对不起。我的未来还有个人需要我照顾，需要我去陪伴。那人唠唠叨叨却在我不安岁月里借来无数笔记，随着我的不安而不安，用着她的所有能力保护着我。她太傻，我舍不得。

我自愿束缚于一地，陪着她直到岁月尽头，风霜满天，江湖老去。因为那个地方有她啊。

明天和意外，意外先来你会怎么办？

橙 二

见面怜清瘦

自打离家去外地上学，不再是放学放假都在家里晃悠，整天吃饭睡觉读书看店"惹人烦"，生活有了很大变化。明显表现在个人体重上，许是爱美之心的觉醒，或是山沟沟没肉吃被饿的，两年内一降再降，连降二十斤。回到家中，我爹和母后大人都说怎么瘦成这个样子了，还黑不溜秋的。特地跑去问医生，直到证明瘦是科学的。然而回家还是免不了一顿大补，相信天下的父母都是一样的。来我家做过客的好朋友们都知道我爹认可的饭量是如何巨大，友曾云："食君一餐，可抵余在家一日。"此后，不管我再怎么热情邀请，对方都是果断拒绝。侧面反映我以前那么胖真的是再正常不过了，现在瘦也是正常的，就问全世界还有几家人是拿盆盛饭的？

饭吃得少了一点儿就会受到我爹如唐僧紧箍咒般的念叨，具体如下：

"会吃的人才会干活，像我扛水送水每天来回跑也没生过病，哪里像你和你妈一样这个毛病那个毛病。"

"就吃一点点的话，还不如不吃，我给猪吃都不给你吃，猪吃了变胖了还可以拿去卖钱，你们姐妹两个就知道花钱。"

"像你们这种这也不吃那也不吃的，就应该带去沙湖酷熟贵（我们这儿本地话，丢到以前的大西北地区饿上十天半个月的意思）。"

呼儿问苦辛

7月跟着学校团队专业实践一个月，说不上轻松也谈不上累。但是每天和我爹还有母后大人视频时，总是会被问辛不辛苦、感觉怎么样，偶尔还会有我妹的乱入：你吃什么饭好不好吃等等一系列相同的问题，整整问了将近一个月。有时候会奇怪每天的话题都一样为什么还有聊的必要，我称它为习惯。

习惯了家人的嘘寒问暖，习惯了家里长家里短，习惯了和母后大人撒娇、和小淘气包妹妹斗嘴，习惯了和我爹视频沉默对视，最多说三句话，超过四句话秒挂于无形。

情景一："吃饭了么？""吃了，你们呢？""我们也吃了，没事我挂了啊。"嘟嘟嘟……

情景二："爹，我妈呢？""出去买菜了。""那我等会儿再视频哈。"……

情景三："没钱了要讲哈？""放心吧，我还有一些。""那我挂了啊。"嘟嘟嘟……

低徊愧人子

还是在专业实践期间发生的事，已接近结尾的实践最终我还是先偷跑了，在原定计划三十天的倒数第三天。原因是我爹病了住院要手术。犹记得好几天才会主动打电话给我的母后大人特别反常地一天从早到晚给我打了三个电话，问我能不能请假回家，却只字不提为什么，只是说我回家了就可以看店。

当时队里纪律严明，不允许立刻离队且实践只剩下几天了，母后也说学习重要回不来就算了。晚上最后一次通电话，她才说你爹住院了要手术你看你能不能回来。一下子我整个人都懵掉了，毫不夸张，完全魔怔，脑袋里就一个想法："Excuse me！Are you kidding？"然后眼泪就控制不住地掉下去，因为也不知具体凶险几何，只有经历过的人才懂。请假程序走到崩溃，在亲情和学业的二选一之间，我果断地跑回了家。

事后实践的事解决得不算完美但也还好，对于说出"晚一两天回去又不会有事"的某上级老师和"还是家人重要，赶紧回去"的带队师姐，我还没来得及比较的时候，这件事就仓促结束了。即使遗憾学分没了，给老师的印象也超级不好，我也没有后悔做这个决定，就像闺密阳阳说的那样："你傻啊？你爸只有一个！"嗯，我爹只有一个。当时要是选择继续留下实践，如若我爹真的手术失败（啊呸，掌嘴），我可能就不仅仅是遗憾这么简单了……

不敢叹风尘

所幸，我爹手术事件诚如菜菜所言，没有什么事是过不去的，都过去了。是啊，什么事都大不过生死，只要我们都过得好好的，那么就无敌了。缄默如我，校园风尘何须叹，家人生死大过天。祝全天下人平安喜乐，万事胜意。如若明天和意外，意外先来，请你一定一定要选择自己最想做的事。

写于心有余悸的十月中旬。我爹术后暴瘦，躺床休息了一个多月，日前他老人家又吃得白白胖胖活蹦乱跳咯！

从青涩到成熟，只能是你一个人

硕 鲸

1. 为什么你会喜欢我

我枕着乔同学的手臂，一时兴起地问他："你们班有那么多美女暗恋你，为什么你会喜欢我？"

乔同学目光没从电视上移开，边按遥控器边回答我："我喜欢你道理很简单。就像小时候，你妈打你，不讲道理。"

我："……"难道我问这个问题时，看起来真的很不严肃吗？

至于我和乔同学的故事，那还要从非常久远前说起。

我还没出生，乔二狗同学就已经住在我家隔壁了。彼时他两岁，还只是个流着鼻涕玩泥巴的小屁孩儿。

此时，我妈已经快要生我了。作为过来人的乔妈，自然是要和我妈说一些注意事项。一来二去的，我妈和乔妈就成了一对嗑瓜子聊八卦、研究黑暗料理的广场舞大妈。

他没有同龄伙伴，顺理成章地，我成了乔同学的祸害对象。

三岁那年，他玩别人家的小狗，结果被那狗咬的却是我，幸亏当时那只狗还是只小奶狗。我被我妈领着上医院打了一针狂犬疫苗。以至于现在我一看见狗就害怕。

四岁那年，他和我玩丢石头，看谁丢得更远。砸中玻璃窗的那个是他，而挨骂的却是我。

五岁那年，他揪幼儿园里女孩儿的小辫子把人弄哭了，结果用我的小点心去安慰受害者，以至于我问我妈再要点心，我妈不给，还说我贪吃。

而我也学会了人生中超重要的事——告状！

2.在我压迫之下的二狗

上小学以后我妈不允许我留长头发。骗我说，留长头发会长不出牙齿。

当时正处于换牙的时候。上了二年级，我的两颗门牙都掉了，说话总是漏风，吃饭总是掉米粒。因为这件事我可没少被乔二狗笑话。

剪了头发，牙齿还是没那么快长出来，乔二狗还是一直在笑我。一放学我就跑去他家，向乔妈告状，每次看到乔二狗被乔妈教训，我心里莫名地愉悦。

不过乔二狗反而越来越有劲儿，后来演变成他带着班里的同学一起笑话我。

不知是不是剪了头发的原因，我从一个软萌可欺的软妹子，迅速晋升成了彪悍的糙女汉。由于平时告状次数太多，乔妈对我的告状都敷衍了事儿。

乔同学还变本加厉，于是我也爆发了，有一天实在是没忍住，不知哪来的劲儿，揪住乔同学一上来就是一顿揍。我发现这方法挺奏效的，乔同学不服，也跑去向我妈告状。

一开始我妈还有空搭理他。对我一顿说教，骂完之后我继续去揍乔同学。周而复始，如此往复，我妈也没了耐心，索性就叫我们私人恩怨私人解决。

三年级以后我比乔同学高了足足一截，这就成了我不停地使唤和欺负乔同学的助力。乔同学也憋屈，一来告状不管用，二来他又打不过我。

乔农民三年级以后都在我这个地主的压迫之中度过。

3. 乔二狗其实不叫乔二狗

乔二狗其实不叫乔二狗，他有个很好听的名字叫乔京北。只是我觉得乔二狗比较符合他独特的气质。

上了初中以后，我还是和乔京北一个班。乔京北同学又开始学会了一些整蛊的手段。比如说，把我的文具袋藏起来，又或者是把我写得惨不忍睹的作文大声念出，以及伸出罪恶的双手，把我已经够乱的短头发弄得艺术气息十足。

我这回学精了，没有去告状。而是以牙还牙、以眼还眼。我把乔京北写完的作业藏起来，于是他就被班主任以没交作业为名，罚站在教室后面。罚站完之后，我悄悄地又放回他桌面。

原本这计划天衣无缝，如果不是乔京北抓住我准备放回他作业的双手，那么一切都是完美的。乔京北对我翻了个白眼，由衷表示出对我的鄙视。

初一过后，乔京北同学的身高像开了挂一样猛长，与他的生长速度相比，我的就是龟速。以至于到初二，他已经有一米七几，而我还在一米六几的边缘徘徊。

他农民翻身把歌唱，把我这个地主拍死在沙滩上。

我不甘示弱，天天早上打篮球，喝纯牛奶。毕竟每次和他讲话都需要仰着头的感觉，令我非常不爽！而他特别享受我仰视他的样子。

4. 算不上默契的默契

自从他长开以后变成小白脸，他桌子里的情书也多了起来。班里班外的女生知道我是他邻居，都有事没事和我套近乎，打听他的兴趣喜好，顺便找我帮忙递情书。

我偷梁换柱把我最喜欢吃的零食告诉她们，把情书故意塞到他家邮箱里头，让拿到情书的乔妈教训他。

这招借刀杀人用得简直不要太厉害，他被乔妈罚在门外蹲马步的时候，对我说了一句，算你狠！

我没啥感觉，就俩字儿——酸爽！

后来学了物理和化学，乔京北的成绩冲到了年级前十，狠狠地把我甩在后面。我妈拿乔京北的成绩来数落我的时候，我巴不得天天学习，为的就是超过他。

我确实也这么做了，不知疲倦地日复一日念书。

乔京北也不打球了，就坐在教室里和我一起念书。最后关灯的总是我俩，开灯的也是我俩。以至于都养成了他负责关后门，我负责关前门的算不上默契的默契。

后来，初三下学期我更是忙得连早饭都省了，乔京北好几次像要对我说什么，但又始终没开口。

就是发现每天书包里多了一些小餐包和小饼干。反射弧太长的我，还以为是我亲爱的老妈准备的，于是心安理得地吃掉。

很久以后我才知道，这"作案人"是某个对我心怀不轨的人。

中考结束，我以一分的差距险胜乔京北，完美落幕。

5.二狗给我妈当眼线

懵圈的我发现，乔京北和我又同一所高中了，我怀疑这货不会是故意的吧？不过这念头很快就被我掐死了，家里离这所学校近，他在这里念书也很正常。

于是我就开始了我漫长的高中生涯。那时不少人谈恋爱，我也想尝试一下恋爱的滋味,轰轰烈烈地来一场青葱校园之恋!

没多久这个念头就被pia飞了。

我妈作为过来人,自然知道青春期荷尔蒙泛滥,所以她又开始放大招了。

也许是乔京北对我积怨太深,便和我妈强强联合,呸!是同流合污。他主动提出给我妈当眼线,只要发现我有早恋的苗头和迹象,就立刻报备给我妈,我回家就得接受我妈的指导和思想教育。

最丧心病狂的是连每个星期回家,我妈都指定要乔京北骑自行车把我携带回家。该死的乔京北竟然还嫌我重!

因为他,导致我高中以来连班上男生的脸都没认全,更别说桃花了,想要一颗红杏都没有。

我难过了,我妈倒是开心了。对乔京北这三年的业绩很满意,我高中三年都没有早恋的苗头。

6.二狗是个"心机boy"

收到Z大录取通知书以后,乔京北一如既往地载我回家,不过这路线怎么不对劲儿呢?

他带着我从南街吃到北巷,从麻辣烫吃到甜品。看着他钱包一圈一圈地瘦下来,我有点儿于心不忍,出言制止道:"不要买了,我吃不下了。"

"没事,我养得起。"乔京北停下车来,一脸认真地看着我。

"谁要你养了。"他说的这话让我有点慌,似乎有什么东西要呼之欲出,却又被我强制按下。

"你现在已经花了我的'老婆本',还免费乘坐了我三年的私家车,我还给你圈了三年重点外加课外辅导,并且你还吃了我小半年的小餐包和饼干,除了以身相许,我不答应其他一切还债方式。"乔京北一本正经地对我说,但我怎么觉得语气里还带有委屈和撒娇的意味呢?

"我……"我还能说拒绝吗？我从没见过这么没诚意的表白。

但，谁叫我也喜欢他呢？只得认栽。

其实我觉得，乔京北绝对是早有预谋的。细思极恐，他绝对是个"心机boy"。

我就说嘛，为什么我总看见有男生对我暗送秋波，却没有一封情书。事后他坦白说："你初中的情书其实是我拿走的。你拿走我的零食，所以我拿走你的情书也很正常嘛。"

我还能说什么？原来他一直知道我拿走他的零食，还一声不吭。

乔同学还坦白说："给你妈当眼线，那是因为怕你被其他男生追走，那我怎么办？我从小是被你一路祸害长大的，你得负责！"

喂喂喂，到底是谁祸害的谁啊？

他又来了一句："还有啊，你记得从学校怎么回家吗？"

我才迟钝地反应过来，其实我一直都在乔京北的照顾下。上学、放学乔京北专车接送，我完全不用担心，所以都已经三年还是不知道家里到学校的路。不管被老师留堂多晚，乔京北都会耐心坐在单车上，等着载我一起回家。

我承认我是一个慢热的人，就比如某人对我"图谋不轨"这么久我还是察觉不到。

书包里莫名其妙出现的小餐包和饼干，雨天备在书包里的伞，圈起来的数理化重点，无一不体现乔京北的细心呵护。我一个女生都想不到要看天气预报，而这个理科男却可以为我记住一周所有的天气情况。

乔京北，从青涩到成熟，只能是你一个人。

青梅竹马的岁月成诗行

　　三年的时光似乎微不足道，站在眼前的人三年来才寥寥见过几面，但又仿佛是从未离开。徐河心走出考场，沉闷的6月一下子有了一丝丝的甜。

　　徐河心看着眼前人想，我还喜欢你。

　　"终于等到今天了。"程天青上前牵住她的手，时光回到多年前，小小的他拉住她的手说，"乖乖哦，我带你回家。"

青梅竹马的岁月成诗行

7 乐

1

徐河心小的时候练字,总是静不下来,老是乱动,教她书法的姐姐眨眨眼对她说:"小河心,你天青哥哥的名字你能写好看吗?"

徐河心试了试,摇头。

彼时她刚四年级,而她的天青哥哥去读初一了,他们俩,差三岁。

那天后,她就安静下来练字,一笔一画写下"程天青",印在纸上的墨一次又一次,一笔一画也印上了心底。

从此程天青就成了心上人。

2

他们是一棵树下的邻居,那棵树说不出有几岁了,春去冬来,陪着两个小娃娃度过了好几个春秋。

小的时候总是说男生倘若喜欢女生,一定是要欺负她来引起女生对他的关注的,但是程天青从来不欺负徐河心,甚至对她挺包容。徐河心想，天青哥哥不喜欢我。

在徐河心终于读了初一，和程天青一个中学了的时候，她知道了自己是喜欢程天青的，但是也因为看了许多言情小说知道，唉，程天青不喜欢我。

那怎么办呀？

3

徐河心成了老师的头疼对象。

她成绩好，可是却不安生，动不动就翘掉晚自习不知去向，老师多次谈话无果，终于走上了家访的道路。

老师先是对徐河心一顿夸，接着委婉指出小时了了大未必佳，仲永小时候那么机智长大后不还是just so so，这孩子资质聪慧，却不守规矩，晚自习几乎没来过，不知道是不是和外面不学好的人混一起……

经过三个小时，谈话结束。

程天青也刚好晚自习回来，经过她家门口的时候被徐妈妈喊过去吃了顿夜宵，顺便请他帮忙看住自己家不学好的闺女。

唉，终于达到目的了。徐河心真心累，翘掉晚自习的时间里全在书法姐姐家做练习，顺便接受来自书法姐姐的额外练习。

谁的成绩是白来的啊……

4

然而出乎意料的是，程天青竟然带着徐河心一起翘掉了晚自习。

站在围墙外的时候徐河心是迷茫的，矮了程天青一个头的她迷茫地看着她的心上人，程天青伸手捏了捏她的脸："一时间要你一整个晚上都上晚自习你肯定不习惯，慢慢来，今天带你出去玩一小时，然后再回来。"

程天青问她平时都是怎么玩的，徐河心想了很久，还是决定带他去了书法姐姐那里。

那晚连着程天青也被加多了作业量，那之后程天青就没再带着她出去过，也好几天不肯给徐河心笑脸，徐河心卖着笑脸讨好他，程天青都不太愿意理睬，后来徐河心眼眶一红，程天青就没辙了。

5

徐河心的同桌情窦初开，每天扒拉着徐河心说她喜欢上了一个高年级的学长，学长怎么帅怎么好看。徐河心听得耳朵快起茧了，忍不住说："去表白。"

同桌一脸娇羞："可是我连他叫什么名字都不知道。"

这下子徐河心彻底无言望天。

两人找了一个课后，蹲着等学长出现，当程天青出现的时候，徐河心感觉到抓着她手臂的同桌力气都大了几分。程天青和徐河心打招呼："要一起回家吗？"徐河心又感觉到手臂上的力气轻了。

知道他俩是邻居后同桌脑补出了一部青梅竹马的偶像剧，那点对学长的心思又随着中考轰轰烈烈的到来消失不见。

而他们中考意味着程天青高考，之后徐河心就要一个人在这个学校里继续三年的高中，而程天青要出去读大学了。

他们真的就要每年见面一两次了，她突然难过起来。

6

程天青要离开家的前一晚，程家开了践行宴，吃了一点儿后徐河心就离席了，一个人默默地爬到树上，就着星光斑斓难过到说不出话。

她想起小时候程天青总是和她一起爬树看星星，夏天在树下乘凉，冬天给大树裹稻草。现在四季越来越不分明，很多事情都省略，他们一年一年长大，老树一年一年老去，渐渐地，程天青和徐河心也要离得越来越远了吗？

"河心，徐河心。"

有人在树下轻轻地喊她的名字，徐河心愣了一下，小心翼翼地爬下去，落地就被抱了一个满怀。"徐河心，你别让我担心了。"

"程天青。"压抑了好多天的难过突然间爆发，她靠在他的肩头哭得像小时候，摔了一跤他总会抱着她拍着她的背说："乖，河心不哭河心不哭……"

7

三年的时光似乎微不足道，站在眼前的人三年来才寥寥见过几面，但又仿佛是从未离开。徐河心走出考场，沉闷的6月一下子有了一丝丝的甜。

徐河心看着眼前人想，我还喜欢你。

"终于等到今天了。"程天青上前牵住她的手，时光回到多年前，小小的他拉住她的手说，"乖乖哦，我带你回家。"

遇到你是我最好的幸运

天黑了

前天失联两年的你在QQ敲我。

"你的事我听说了。"

"嗯？"

"你后悔吗？后悔认识我，后悔那时拉我出走。"

"后悔？不！遇见你是我的幸运，我还是当年被你罩着的小弟。"

1

你我相遇在火辣的夏天。那时你一身痞气地成了我新的后桌，初来乍到就拍着我的肩膀一脸豪爽地宣示主权："你以后就是我罩的。"

我一脸鄙视地看着你娇小的个子，翻了个白眼转身沉睡。

"嘿嘿，大皇这是我新男朋友。是不是比你高，比你白，比你帅？"你拿着手机一脸嘚瑟地鄙视我。然后我的苦日子来了，相对于你的折磨，我更愿意去挖矿。

"大皇这是我新男朋友，是不是比你……"

一个礼拜后。

"大皇这是我新男朋友，是不是比你……"大姐你一礼拜换个男友我不介意，但天天拿来鄙视我，你良心过得去吗？

2

初一的一次课间，学校的一群校霸来找我，坐在我面前嚣张地询问上周我有没有骂隔壁学校校霸，撒旦在上，我又不认识他咋会去骂他。在激烈地讨论后他们放了句"放学后别走"转身想闪人，这时你拍桌而起："大皇老娘罩着的谁敢动，要命吗？"

你雌威大发，威风凛凛之时我脑袋响起这么一句："有一天我的英雄会踏着七彩祥云……"你有个大姐大的姐，大哥大的哥，他们不敢说什么拉着脸战战兢兢地跑了。

我对你说："姐，谢了。"你啥也不说用力捶我的背。我以为这事儿就这样过了。

第二天一早你邀功似的和我说你找到整件事的幕后者Q了。我当时还有点儿不相信她那么文静的女孩儿能因为一件小事这样耍心机。当天的体育课你和一群小太妹押着她逼她道歉，让她澄清事实还了我清白。

那时你借你姐姐的威望了吧，你明明不愿承认那个比你大三岁抢走你爱的姐姐，却为了我这个小弟，再次承受她的鄙视，你明明是个霸道的人却为了我的事向她低了头。

3

上了初二你与班主任的矛盾越来越多，我劝你退一步海阔天空，你说再退一步就会掉入万丈深渊。你呀，就是那么倔犟。

一切的矛盾都来源于上一届的运动会，班里的项目没参加全，大家的兴致不高，班主任便指名参赛。你因为体型比较丰满被选中了，你大声地拒绝了。班主任一脸气愤，恶狠狠地说以后你有任何事都不会管你。

其实你是想去的对吧，可是你严重贫血担心会在跑道晕倒。你死活不愿说清原因一个人独自忍受病痛和班主任的针对。

那天你俩不知道发生了什么，班主任（一个四十五岁的更年期女老师中的"战斗机"）和你在讲台吵了起来，各种恶毒的话朝你倾倒，你身体开始颤抖，猩红的眼瞪着她。我的心莫名地痛，纠结着要不要上前拉你离开。后来我实在受不了了跑上去伸手挡住班主任落下的巴掌，拉着你冰凉的手顶着班里的尖叫、起哄一路小跑到育才亭。

虚脱地坐在青石上看着你愣愣的。你抹去眼角的泪，说："大皇，姐会罩着你的。"我无言，挪到你身旁轻轻搂着你的肩膀："要哭就借你个肩膀吧，姐夫不会介意的。"

这件事影响重大，班主任要求将我们停课处分。但是好在双方父母找关系大事化小、小事化无，你我毫发无损，天天顶着班主任鄙视、嫌弃的眼神过着。

初三分班你到了十班，而我依然在一班受着嫌弃。距离使我们不再经常见面，慢慢地一切开始变淡直至毫无牵挂。初三那一整年是我最艰苦的一年，班主任带头排挤，同学积极响应，我一个人坐在最后一桌，一天七节课六节站着上课，一节在走廊，时不时蛙跳四百米。

大家都知道为什么会这样，他们同情却又害怕班主任的威慑。我沉寂了一年，成绩大幅度下降，由130多到90多再到后来的十几分。

好多人包括你都问我会不会后悔，因为没有那件事我还是深受老师看重、人缘超好的好学生。

你问了我就回答你："遇到你是我最好的幸运。那年很苦，但是我挺过来了，学到了很多，改了很多，我变得隐忍，更加珍惜自己，也变得更优秀了，也学会了享受着一个人孤独的日子。所以我从不后悔，不后悔与你发生的任何事情。"

少年乘风过

李寻乐

1

我的小学时代和大多数人一样，平淡无奇，没有捡到宝葫芦，抽屉里也蹦不出机器猫，更没有永远在读一年级的柯南同学。而是每天在母亲重复的包子、豆浆中，打着哈欠离开家门，然后循环往返在学校与家之间。

清晨的小城特别安静，一条街上往往看不见几个人。记得那个时候但凡看了《少年包青天》或者《柯南》的第二天，我都会赖在家里不愿出门，总感觉街上危机四伏，稍不留神就会被抓走。事实证明这些不过是幻想罢了，全班四十五名同学，可从来没听说在路上碰到什么的。

除了学习的时候大多跟着同学玩伴，四处吹着风淌着歌声。家乡小城的大树枝繁叶茂，枝丫上的鸟巢，泛着绿光的叶片，香甜十里的桂花都特别引人注意。溪边河流捉虾摸鱼，空地上你追我赶。

一包干脆面捏得粉碎七八个人分，互相叫嚣喊着我是超人，爱吹牛的玩伴说着清晨在早餐店看见有人吃了三斤包子，其他人啧啧两声也不甘落后，会吃牛的蜘蛛，两对翅膀的白鹭，人形的果子。天上似乎飘着无数头牛，顺着无数阳光，伴着笑声，年少时期的路啊，熙熙攘攘，不曾掉队。

2

小升初考试的时候，我差点把这当成生死大事，复习得尤其认真，但凡有一两道题不会都会吓得脸色发白，想着会不会上不了中学。可这不过虚惊一场，数学考试那道算不来的题目并不会让自己上不了学。

中学时期就这么悄无声息地到了，最初的兴奋和新鲜感过去之后，其实和以前并没有什么不同。也没有什么得意的，没有了小学时候上了初中就得到一切的感觉。在窗前发呆的时候，听着隔壁小学眼保健操的广播，暗暗地把自己和他们区分开来，在之后的日子里看着总有来找人的小学生，猛然意识到也许自己当初也是那样，然后轻声哂笑。

少男少女互相嬉笑，互相打闹，女生像是约定好了似的，在男生还是矮冬瓜的时候，齐齐绽放。班上男女比例均衡，一半男一半女，原本差不多的身高，一下子被打破。除了少数几个顽强的男生和"拖后腿"的女生，其他女生都有了俯视我们的资格。

老师每天催着看书，沉沉的木尺击打在黑板上，喊出一句"看好了我要变形了"，下面一阵嬉笑声，几个暗中扔纸条的也忘记捡起地上的纸条。十三四岁的雨季，生长的不止是身高，还有着一些朦朦胧胧的东西。《情深深雨濛濛》等一系列电视剧的播放，带动了少年懵懂的心。

情书开始满天飞，瓢泼的大雨落了下来，带起花儿草儿上露水翻腾。约好看书，约好吃饭，一起承诺在高中继续下去。

不断向前的路，不断向前的云。身边同样伴着无数的人，说着无数的话，想着无数的未来。

那个缤纷绚烂，看不分明的未来。

3

刚上高中的时候,着实被任课老师来了场下马威。永远说高考快来了的班主任,紧张的上课气氛,看不懂的课本,原来想象中的高中摆在当前的还有高考。

第一天就告诉你,然后在高考最后一天结束。

于是我们开始紧张地学习、学习、再学习,计划好的一切都要暂时让步,有时候也曾想过休息一会儿,可自己就像是钟表里的小齿轮,但凡大齿轮一动便要跟着一起动。偶尔的节假日成为了喘息的时间,约上好友一起去逛街,一起看电影,又或者是专心说上一天的八卦。

高二那年一个好朋友喜欢上了一个女生,拉上我给他当参谋,看着书里那些不切实际的方法,竟然真的在某天,牵着那名女生的手笑着站在我面前。我感叹着他的勇敢,惊讶于他的好运,也不断地调笑着他和那女生。

可故事总不该一直风平浪静,稍微一点波澜也足够掀起大风大浪。遭人举报的他被老师叫去办公室,一番拷问之后被狠狠地批评了。过了不久就传来他们分手的消息,而他也一度怀疑是我泄密,有段时间不曾理我。

我开始一个人上学放学,认真学习。因为所有人都开始意识到,高中最为可怕的不是严厉的老师和紧张的气氛,而是它带给你的那种走过了高考就能做想做的事,走过了那条独木桥就会有美好未来的感觉。在经历过挫折和失败之后,除了个别开展地下恋情的,其他大多想着以后,连带着所有人都在想着未来。

青春懵懂开花,却未曾找到适合的环境,终究要在另一个地方开出最美好的花来。

4

　　雨果说，我深知爱我的人对我爱的深度，也深知我被想念，我被许多人铭记。所以我虽然只身一人，却从不孤独。倘若你当下觉得孤独，一个人度过清冷难过的日子，那我想，你可以尝试主动，去爱，去给予。世界不曾遗忘任何人，只有人将世界遗忘。

　　纷纷扬扬的前路，请笔直地走。

　　哪怕是一个人走的路，也注定不会孤单。

青梅已无竹马在

朱瑞琴

1

记得年初三的晚上,我去他家玩,说是玩,其实也没什么,就是一起走在没有路灯的漆黑小道上去小卖部买"黑蜘蛛"(一种鞭炮的名字)。

我不敢点燃"黑蜘蛛",就只买沙炮,就是那种不用点燃直接摔到地上就会响的鞭炮。但愚笨如我,连沙炮这种在鞭炮中可以说最低级的一种都可以弄伤自己,也是醉了,他没说什么,只是拉着我跑到他家,四处寻找创可贴。

就在我埋怨自己怎么这么笨的时候,传来了烟花升上天空的声音,我急忙跑出去看,他也跑了出去。但是我们所处的位置刚好只能听到声音,不能看到烟花。

后来他拉着我去了阳台,居然能看到。

记得那晚天空布满小星星,我和他肩并肩坐在一起,看着不断升上天空又转瞬即逝的烟花,也看着朝我们不断眨眼的小星星,期间,我不只一次转过头看他,在心里暗暗地想,他就在我旁边,这样真好。

那时候天真地以为我们能永远这样下去,他不离我不弃。却未曾想过我们的将来，如同这烟花一样。

那一年我们都十四岁。

2

小时候，我特别喜欢黏他。一天二十四小时，有一半的时间是和他一起度过的。

他几乎具备了男孩子全部的性格，淘气，喜欢恶作剧，有责任感。不过我最喜欢的，是他对我好。

那时两个顽皮的小孩子什么都不懂，整天除了玩还是玩。

记得当时我们刚学会骑自行车，在行人稀少的路上比谁先骑到路的转折点的小卖部，慢到的人要请快到的人吃冰激凌，嗯对，当时是夏天。

结果当然是他先到，我本着诚实守信的性子回家拿了本就不多的零花钱。这钱本来是想留着买一本渴望已久封面精致的《格林童话》的，本来只要再帮奶奶做几次家务就可以凑够钱的，现在又得重新存好久了。

所以在他对着冰激凌流口水的时候，我一直闷闷不乐的，付款后就一直没说话。我没注意到，他一边吃一边还盯着我看。

他吃完冰激凌后，大手一挥，一把把我拉起来："走，哥带你去玩，跟着我走，准没错！"我当然是听话地照做，他把我带到路边，旁边有一条小沟渠，宽约四五米，高约四米吧，沟底是水泥地，里面没有水，只有一些碎石头。

他冲我一笑，嘿嘿，信不信我在路的那边把单车踩得飞快，然后飞到沟的那一边？像电视里的飞车一样酷哦！

可惜当时我年少不懂事，居然没有阻止他，而是站在一旁看着他像电视里刻意放慢的镜头一样，把自行车踩得飞快，在到达水沟的那一刻用力把自行车甩起来，自行车前轮腾飞起来了！他又飞快地踩了几下自行车，是挺酷的，只是我们不知道，原来世界上有地心引力这种东西。他快速地下降，快到我几乎看不到他是怎么下降的，只记得听到了一声巨大的声响。

我用尽全部的力气大声喊，把周围的人吸引来了，他们看到这情形，一边大声惊呼不得了一边去把他扶起来检查哪里伤到了。

结果只是擦破皮，幸好没事。之后长大了些，总会拿这件事调侃他，他每次都涨红了脸："还不是为了逗你笑！谁知道会变成那样！"

3

不得不说，他真是一个奇葩，连带着也把我变奇葩了。

在夏日炎炎的午后，我们吹着咯吱咯吱响的老风扇吹出的热风，他实在受不了屋子里的沉闷，跑到门口来呼吸新鲜空气。不一会儿他像发现了新大陆一样，一进屋就嚷嚷说，快快快，收拾下东西，咱们去爬山！山上树多，一定比在家凉快！

结果呢，爬到半山腰我就累得不行，虽然我有带一根长棍子当作拐杖，可还是敌不过太阳过分地爱抚。最后还是他好说歹说我才坚持爬上去。

到了山上，我们找了好久才找到一块相对平坦又阴凉的地方，他细心地折了一把树叶，让我垫着坐上。

然后变魔术般从口袋里变出一副扑克牌和一瓶罐装可乐，喏，我们来打牌吧，这里是不是比家里好啊？口渴的话可乐给你喝哦。

现在只记得当时我真的很快乐，其实，只要和他在一起，我都很开心啊。

但小时候哪懂得什么，能到处一起疯，他对你好，这就是幸福。

4

然后呢？舍友好奇地追问。

然后。我们长大。开始疏远对方。正如网上一句话所说：故事的开头总是适逢其会猝不及防，故事的结局总是花开两朵天各一方。

青梅和竹马都在茫茫人海中把对方弄丢了。

只是那一段互相陪伴的时光，我不会忘记。

很抱歉，没能陪你一起喜欢

兔子先森

"我和你说一件很高兴的事，我前几天抢到了《刀剑乱舞》舞台剧的票，终于可以亲眼去看看他们了。"好友Y捧着奶茶坐在我对面两眼冒着心心。

当时我正在抢漫画，全身上下都是警惕模式，紧张地盯着时间表干巴巴回复她一句："哦，恭喜。"

时间点刚好掐到按付款的点，迅速点了付款直到手机收到短信确认购买成功后才松了一口气，喝了一大口奶茶才继续回复她："喜欢嘛，我懂，没办法。"

她眉眼弯弯地看着我，想说什么终究还是没有开口。

和她分开后，到家才看见她给我发的微信：你是我告诉的第一个人，因为没有勇气接受别人的异议。所以得到你的支持我真的很开心。我还以为你又会说我不懂事，我不知道这是为什么，但你知道吗？我一直有一种心理阴影，就是我无论跟什么人说，我喜欢的一件事，她们都不会喜欢，不喜欢就算了，还会讽刺我。

屏幕这头的我沉默很久，不知道怎么回复她，打了一段字，又慢慢地删除掉。

我太清楚了，她的那些朋友里或许还包括一个我。所以她才会犹豫再三反复斟酌词汇然后小心翼翼地和我分享这件或许她想隐藏却抑制不住几乎要从胸腔内溢出来的惊喜。

　　一直觉得我和她能相处到现在是奇迹，事实上我们之间没有半毛钱相似的地方。三观也好，爱好也好，彼此能分享的东西其实真的不多，唯一的爱好或许就是二次元。

　　Y高中的时候每天早上只吃一元钱的馒头，就为了节省下二百七十元买《柯南》漫画的钱。

　　她长得人高马大，我一个矮她一个头都比她吃得多的人是真的不能理解她，每天一起走路上学，看见她吃馒头的我都是皱着一张脸狠批她一顿。而因为这些事，我下意识否定了她所有的喜欢，有些甚至没有了解过。

　　我开始反省我自己，我之前对她的那些做法真的是对的吗？明明是最好的朋友，为什么我会站在她的对面和她抗衡，让她连一点儿分享自己喜悦的机会都没有？

　　而明明在这之前，我自己也买了一套五百元的漫画，这相当于我半个月的伙食费。

　　我还美滋滋发了一条朋友圈，下面的留言全是：有钱人，花几百去买一套漫画。强势。厉害了我的哥。还有人问，这是什么？

　　我不知道该怎么回答他们。这是我喜欢的东西，好不容易在刀光剑影中抢回来的东西，短短几秒以光速售卖出去的东西，我等了足足快五个月才能下单的书，也许还要等更久才能拿到实物，让我心心念念不能释怀。

　　我又该怎么和完全不了解它们的人谈价值，甚至于这书里面的内容我全部都看过，只是买来收藏的实情。隔着屏幕都能感受到对方的不能理解。

　　但其实这是一种情怀，说不出道不明的情怀，喜欢到一定要拥有一套，不买就一定会后悔。

　　也担心自己的喜欢被别人伤害，就像是韩流说不知道古风是什么鬼东西，认为河图老妖双笙特曼的歌很难听。自己喜欢的东西不被大众所接受，还被对方扔在地上狠狠地踩了几脚。

感同身受后才发觉，那时候对喜欢某样东西的她说不喜欢的我，真是让人讨厌啊。

况且，这份喜欢我不知道我们还能维系多久。

《夏目友人帐》出第六季的时候，我兴冲冲地打电话给一个以往很喜欢这部动画的朋友。那头的她沉默良久，在我喋喋不休的谈话好不容易结束的时候才轻轻开口："对不起，我已经很久没有看动画了。"

我瞬间沉默。话筒里传来的是彼此的呼吸声。

对不起，我已经，不是原来那个和你从始至终有着共同话题的、你的最好的朋友了。我开始有了我的新的喜欢的东西，我还是那个我，我只是不再喜欢我们曾经共同喜欢的那样东西了。

这些都是很正常的，不喜欢喜欢，都是会变化的。

我在补课的时候认识一位姑娘，是二次元的狂热粉丝，无论春夏秋冬都是一身日漫里的制服裙。那姑娘眉眼甚是清秀，眉目里带着丝丝的温婉，眼睛亮澈澈的，坐起来端端正正，真像个从动漫里走出来的美少女。

冬天天冷，风刮起来的时候从不会怜香惜玉，我出门的时候穿得里三层外三层，就差不能把脑袋给缩到脖子里头去，即便这样依旧觉得冻兮兮。她倒好，跟个没事人儿一样，依旧是一身制服，短裙、过膝的长筒袜、一件打领结的白色线衫和一件深色西装衣。

打开门的时候，听着呜呜的风声再看看她，我都替她觉得冷。

我偶有一次问她："这大冬天的，你穿成这样不冷吗？"

她轻轻地笑笑："不会啊，到处都有空调。而且我书包里有带衣服。"

熟悉后，她告诉了我很多。她有一个很喜欢的声优，还有很多很喜欢的cosplayer，她最喜欢的是黄山。我一个外行人都知道COS是一个非常烧钱的爱好。所以，她课余时间拼命兼职，做过洗碗工，当过服务员，写过小段子，发过豆腐篇。

有人和我说起她，都是一脸不知道她喜欢个什么劲儿的口气，我远远地看着她穿着自己喜欢的制服在寒风里裹着自己，辗转在各个地方兼职，我很服气。

这些都是因为喜欢。一个人的奋斗，隔着重重困惑眉眼的坚持，能坚持下去就是不凡。

我的喜欢你可以不喜欢，但是请不要说风言风语，不要用望着"不可理喻的人"的眼神看我。

我的爱好就和有些女生喜欢收集口红一样，其实很多都不一定用得着，但就是喜欢。而喜欢本身又是一件多无奈又多让人开心的事啊。

凌晨，我辗转难眠，打开对话框开始给她发很多年前就应该发给她的话："当初不能理解你，很抱歉。不能陪着你喜欢，很抱歉。你的喜欢以后我会长长久久地支持你，很抱歉，你的喜欢我没能陪你一起喜欢。"

冬日暖阳微风里

夏南年

1

冬天阳光里的风是很特别的,像细碎的时光,缥缈又安稳,我站在栏杆下面慵懒地摆弄着红色的围巾。我很喜欢在冬天里穿戴得颜色鲜亮,好像梵高的画那样涂满了缤纷的色彩,又带着毕加索抽象的味道。

新换的体育老师很好,大部分的课都让我们自由活动,我跟冷雨说我要冬眠了,于是默默地站在一旁看她们打球,看远一点的地方一群男生踢足球,身边还传来毽子底下的铜环啪嗒啪嗒碰撞着地面的声响。

冷雨边兴致勃勃地打着羽毛球边问我:"你不回教室吗?"

我摇摇头,继续看我的风景。不远处的教学楼后面飘起袅袅的烟,一不留神,羽毛球从我眼前擦过,打球的女生连声说对不起,我冲她笑笑,心里想的却是刚才那一瞬间,楼顶上金属反射的那一秒金色的光彩。

因为在那一瞬间,我好像变成了站在时光彼岸回望过去的人。我想,大概我很难再无所顾忌地像他们那样玩起来,像个四五岁不谙世事的孩子,我放不开的个性让我宁愿活在角落里。

我叫安纯雅,远处那群踢足球的人中有我在这个花季里喜欢着的男生，他很优秀，而我则是个特别文艺又追求完美的人。喜欢热闹，更喜欢安静缓慢地度过时间。希望被人爱和关心，但不值得被爱。香水、杂志、音乐、发呆便可以轻易打发掉一个下午，讨厌竞争、刻苦和强求。

　　总之，把这些结合起来，就是与这个世界格格不入。

　　我把这些心事说给唐妤听的时候，她显得很激动，她说："你怎么会不值得被爱呢？你不知道我有多羡慕你，我一直没有告诉你，有的时候我对你的感觉是嫉妒。我嫉妒你可以一直那么坚定地朝自己喜欢的方向努力，可以一点一点真正地朝梦想迈进，我现在的生活是走上了正轨，但我很多时候都会觉得不甘心。可是我已经选择了这条路。"

　　不得不说，冬天是个很适合谈心的季节。不然我想唐妤也不会突然发来那么深刻的话，就像每每在冬日剥开一个香味四溢的小橘子，我最向往的那种三五知己小坐，淡茶话家常的日子便浮现在眼前，而别的季节，我只会囫囵吞枣地把几瓣温润的橘瓣飞快地塞进嘴里。

　　我犹豫了一下，不知道该怎么回她，于是随意地问坐在客厅剥核桃的妈妈："你觉得我是不是很糟糕啊？"

　　妈妈很不耐烦地说："你又在胡思乱想什么？现在都什么时候了……"各种责备的话源源不断地流淌出来。我打断她："是不是我的出现没有任何价值，只是给身边的人带来了麻烦？"

　　我承认在所有人都行色匆匆的时候一本正经地思考这样的问题很奇怪，但我就是喜欢在不同的时刻诗意地想不同的问题，微微一思索，日光便从眼前眉间打马而过，走得毫不留恋。

2

　　圣诞节和元旦学校里照旧是在月底举办一天的活动，高二年级上午义卖、趣味运动会和COSPLAY，下午是整个年级的文艺汇演。

　　天气晴朗，气温在晌午突然间回升到了十几度。刚走到教室门口便听到了热闹的喧嚣声，我拿着妹妹刚寄来的信，心里突然沉静了下来。一只天蓝色的气球从门口飞到我的头上，紧接着就被一个女生笑闹着拍了回去。

目光倏忽一转，便看见隔壁班的门上贴着漂亮的小铃铛，像是我整天抱着的猫咪老师玩偶胖胖的脖子上原先挂着的，可是后来被我摘下后不知道丢在了哪里，这一切发生的速度就像2014年春晚的那首《时间都去哪儿了》里唱的，原来一年真的又要过去了。

冷雨的同桌玩着气球笑道："好热闹啊。"

我跟冷雨说："最讨厌这种时候了，大家都很热闹，自己却莫名地失落，融不进这种欢乐和温暖里。"

冷雨使劲儿点了点头，递给我一块桃酥："不是有人说过吗？孤单是一个人的狂欢。"

我大笑她文艺得傻兮兮的，偷偷瞟了一眼他空空的座位，于是吃得毫无形象可言。我安慰自己，其实这样也挺好的，阳光明媚，微风不燥，还可以任性地得到很多人的关心和陪伴。

那天妈妈说："其实你小时候还是给我们带来了很多快乐的。"

而我则在心里默默地计算，我为他们带去的几年快乐却要换来他们几十年过这样每天烦闷争吵的日子，我好像还是不值得被珍惜疼爱，没有什么真正的价值。

突然发现，这几天我总是在潜意识里寻找自己存在的重要性，就像唐好说过的，很多人都想获得重视，都想被关心被疼爱。

陈奕迅唱过，"重视能治肚饿"。

3

文艺汇演班里的节目是歌曲串串烧，我喜欢的人穿着黑色的正装和一个女生在偌大的舞台上合唱粤语的《月光小夜曲》，那一刻，他变得特别闪亮。

是那种我觉得这辈子都追不上的耀眼，比星星明亮，比太阳的光芒更能穿梭过我身体里的每一个角落，比每一份快乐的力量都更大。我有一瞬间的失神。

玄茹一见到我就大叫着说他今天好帅，我提前离开观众的座位，跑下楼又拉着玄茹躲在旁边偷偷看他。就像我看了很多遍的那部电影《初恋这件小事》里刚开始的小水，把自己放在了最黯淡的星球上。

汇演结束之后，他和几个男生一起往回走，我又在他之前跑下了楼。我不知道自己是在别扭什么，总觉得在那一刻很卑微，之后又纠结着和玄茹特意从他面前走过操场，我承认那个时候我很做作，其实就是不敢跟他说话，又想让他看到我而已，这些青春里的小气息我想大概很久都不会忘记吧。

我不知道那个时候他在想什么，干脆乘车去很远的地方在暖气十足的商场里和玄茹吃冰淇淋，跨年的夜晚每个地方都很热闹，我嘀咕和他的事情，玄茹说跨年了她要去和喜欢的男生表白。

就那样兜兜转转到七八点钟，回家找他聊天，一整天的小情绪几乎要失控，直到他冷淡地说"下车了"结束了聊天。凌晨，2015年的第一秒，我在他的留言板上说新年快乐，下一秒空间就因为用户量太大几近崩溃，怎么都登不上去，我索性关掉了电脑。

星星眨着眼睛看月亮在天空漂泊，我在日记本上写"你太明亮"。

所以我怎么样都不能追上，这样的我，也不会值得他偶尔的停留或是疼爱。

周传雄的一首歌我一直都很喜欢，《微凉的记忆》，就像歌词里说的那样，几朝风雨几朝雾，感叹只是一个句子，把最近经历的痛都一次说出，伫立在灯火阑珊处，幽幽地歌唱和祝福。

但在这样的夜晚，我又决定去改变一点儿什么。玄茹说："你就是太不矫情了，才让身边的所有人都感觉不到你的在乎。"

4

清早在鞭炮声中醒来，只套了一件棉衣就跑去屋里开电脑做我梦里就在做的事情，我一点儿都不夸张，在我特别想做一件事的时候，梦里总会完完整整地出现。

不容自己多想，直接给他发去一段一段的话，从月考完到跨年的种种心思和执念毫不犹豫地从指间穿梭过键盘上的黑色按键，然后发送，再心惊胆战地给玄茹发信息："你知道吗？我一大早给他发了好多话。也不知道他会不会回。"

我猜玄茹在那边一定觉得很好笑："怎么会不回呢？他肯定会回的，你慢慢等。"

一定是阳光太灿烂，新年里的气氛太浓，我把写给他的那篇《日光倾城》的文档发给了他和玄茹，那是在一家上稿排队的时间很长很长的杂志发表过的，之前他问我要过很多次我都不好意思给他，觉得太矫情了。

我一定是被玄茹的话刺激到了，我一直都是那么偏激的人，要不一点儿都不矫情，矫情的话又会勇气十足地做很多事情。

阳光开始炽热耀眼的时候，他回了我的消息，他说："回家的路上我看了好多遍，原来可以被你写得那么美。"QQ上显示，他把签名改成了"可以被你写得那么美"。

我把截图发给玄茹，玄茹说："我猜他一定看哭了。"

我在电脑前面偷笑了好久，淡绿色的窗帘很薄，一只麻雀停在了窗外的栏杆上，伴着"叽叽喳喳"清脆的叫声，有鸟的剪影印在桌面和窗帘上，我很喜欢这样的时光。

门外传来妈妈喊我吃午饭的声音，锅铲伴着菜碰撞在锅壁上的声音，还有我一直都很反感的听腻了的妈妈的唠叨声，大概是时光在这一瞬间太美妙，我竟然可以心平气和地全盘接受。

仓央嘉措说："和有情人，做快乐事，别问是劫是缘。"这句话曾经被初中的某一任成绩很优秀又早慧的同桌抄在笔记本上，那时肤浅的我觉得这句话太单调，一点儿都不喜欢，现在却突然把它印刻在脑海中。

准备关掉电脑的时候，QQ显示空间里有几条新年快乐的留言，我发自内心地莞尔。

这样寒冷的季节里我总是在失意的时候安慰自己等春天到来的时候，伴着鸟语花香，一切都会变得很好。于是就忽视了，爱笑的人运气都不会太差，阳光灿烂的日子也都不会过得太糟糕。

很多时候，我们不用给自己的心里打上一个结，然后拼命地寻找自己的价值，妄自菲薄，觉得自己不值得被疼爱被关心和喜欢。我很反感父母说我时经常不经思考就冒出来的那些难听的谩骂，但我会因此难过是因为我爱他们。我也经常会因为一点儿莫名其妙的小心事觉得和我喜欢的男生距离遥远，但全都是因为我在乎。

不管我值不值得他们疼爱关心，每天有热腾腾的早饭等着我，每天车接车送上学放学的日子还在继续，不管我能不能得到他们的注意，偶尔心血来潮我还是跑到父母身边撒娇卖乖，也会不经意望一眼他的位子顺手在纸上写下花一样美好纯净的句子和心情。

我不知道未来会怎样，我只知道冬日的微风里暖阳依旧。腊梅的花香依旧，蓦然回首，流年翻转幸福依旧。

愿你一世安好

Dàn

这个星期天阴沉沉的，压抑的空气笼罩着每一个人。

她又一次摔断了腿，腿根部的骨碎了，所以不得不住院动手术。

我和妹妹坐了一个多小时的车去看她的时候，她正一个人躺在洁白的病床上，身上穿着显然很不适合她身材的病服，一双早已得了白内障的眼睛愣愣地盯着天花板看，苍白的脸和整个房间融为了一体。

许是感觉到我们的到来，她稍稍转头，看到我和妹妹的时候，我分明地看到她眼里的悲伤一闪而过，随即换上一副欣慰、和蔼的笑容，仿佛之前只是我的错觉而已。她微微抬手，招呼我们过去，想坐起来，却仿佛怕牵扯到了伤口，只能继续躺着。我和妹妹快步走过去，一人一边抓着她的手。

不小心低头瞥到手中的这双手时，我怔住了，这真是那双教我绣十字绣的手吗？真的是那双给我织漂亮毛衣的手吗？在我的记忆中，她的手，永远是那么白皙，那么好看。而这双手，密密麻麻地布满了难看的青筋，像是缺水的枯藤，皮肤早已变皱，一道道岁月的痕迹狰狞。

显然我们的到来让她很是高兴，像个孩子似的不断问我们的学习、生活……但丝毫不提她的伤。我和妹妹也只是安静地听着，并不去插嘴，也不想去打断。

过了一会儿，舅妈进来了，后面跟着耷拉着脸的舅舅。看到我们，舅舅便挤出一张笑脸说："呀，你们都来了啊，今晚到舅舅家休息就好了。"舅舅一家住在汕头，我和妹妹本来就打算那晚住在舅舅家的，于是便欣然答应了。舅妈没有开口，过了半晌只是叫了一声"妈"便噤声了。

好巧不巧，这时舅妈的妹妹来了，她带来一篮水果，扭着腰肢走了进来，看到我们，脸上堆满了笑意："啊，这么热闹啊！"我和妹妹与她本是不熟的，因此也没留下来，就找了个理由，退出了病房。

在医院里逛了大概半小时，估摸着舅妈的妹妹应该回去了，两人才动身朝她的病房走去。

医院不是一个惹人喜欢的地方，这里每天都上演着生离死别，空气里都弥漫着刺鼻的药水味。这里的人也似乎十分冷漠，冷眼看着别人的哭嚎，却无动于衷。

"姐，我讨厌这个地方。"我没有回答妹妹，只是攥紧了她的手，穿过一条条白色的走廊，走过一间间空洞的病房。

"有哪个老人像你一样这么穷的？现在老人的退休金不是很多的吗？怎么你会没有几个钱拿出来交治疗费？"不知道刚才发生了什么事。还没接近她的病房，就听到舅妈的声音从里面冲出来，门口有护士和一些病人"光明正大"地在驻足"偷听"。

我和妹妹加快了脚步，走进病房，顺手把门给关了，这才清楚地看清了病房里每个人的表情：舅舅坐在一张椅子上低着头，不言不语；舅妈站在她的病床前颐指气使，脸蛋红扑扑的，像战斗的公鸡一般。

她呢？则是安静地躺在床上，没有任何反应，只是那眼角缓缓流淌出来的浑浊的泪水暴露了她此时的情绪。

终于看到我们时，舅妈止了口，并被舅舅连忙拉出了病房。这时，白色的病房里就只剩我们三个人，我和妹妹都没有说话，只是默默站在她的旁边。终于，她忍不住了，眼泪顺着她的眼角哗啦啦地流下，弄湿她花白的头发，浸湿了脏兮兮的枕头。

我和妹妹顿时慌了，只能是手忙脚乱地抓过床头柜上的纸巾，小心翼翼地给她擦拭掉那些咸涩的泪水。"我就是一个苦命的,被两个男人抛弃了两次,苟延残喘到今天,一把年纪还要做什么手术,我……你们为什么不把我一起带走?你们为什么不把我一起带走?……"那一声声控诉,揪紧了我和妹妹的心。我俩不知道要如何安慰她,只能是无力地看着纸巾一张一张地被濡湿,强逼着自己的眼泪不要像她的一样泛滥,并一遍一遍重复着无力的话:"外婆,不要这么说。""外婆,不要哭了。""外婆,一切都会好的。"

……

说到最后,我和妹妹都听不太懂她说的什么了,只是哭声渐渐变成呜咽,渐渐变小,直至消失。

不知过了多久,当她终于停止了哭泣,进入梦乡中时,已是中午时分。

或许,也就只有时间才会这么无忧无虑,只要是生物都无法彻底无忧地过完一生,而人就更是一个矛盾体,在父母的喜悦中赤裸裸地来,然后忙了一辈子,苦了一辈子,就只为生不带来死不带去的里子面子。喜怒哀乐,生离死别,然后再在别人的哭哭啼啼中赤裸裸地死去。

看着她沉睡的脸,我和妹妹对视一眼,默默地走出了病房,并轻轻地带上门,生怕吵醒好不容易平静下来的她。

门口,舅舅倚在灰白的墙上,脸色并不好看,显然是知道刚才房里的一切动静的。看到我们,舅舅迫不及待迎了上来:"她怎么样了?"

那语气,带着一丝担忧。不知为什么,看着他,我不生气,只是淡淡地说了一句:"她已经睡着了,她很累。"

这时,我明显地捕捉到舅舅的脸上有一丝放松的神情。

"舅舅,一个老人辛苦了一辈子才有那么几个钱,她以前有多苦,你会比我了解的。"

有的时候,语言是贫乏至极的,正如此时我没资格说服谁,也说服不了谁。

眼角瞄到舅妈肥胖的身躯。没给舅舅说话的机会，我牵起妹妹的手往楼梯口走去。

"今晚来舅舅家住吧？"

听到舅舅的声音在后面响起，妹妹回头说了句"不用了"。

我们终于离开了这栋惨白惨白的大楼。

门外，阳光终于穿透了厚厚的云层，些许的温度似乎能把所有的寒冷给驱散掉。

"外婆，愿你一世安好。"

温暖心灵的细碎时光

郑亚琼

暖暖的午后，温上一杯咖啡，悠然坐在藤椅上，抱着一本九夜茴的《匆匆那年》，哭得稀里哗啦。总是忙碌奔波在生活的路上，闲暇时，打开一本喜欢的书，从别人的青春中追寻自己的影子，只是那影子早已变得模糊，就像一朵水中涟漪花，漾起一圈圈波纹，开得那么灿烂，心向往之。

1. 温暖的舞动奇迹

中学时，因为爸爸工作调动，我转入了新的学校，各种孤独和不适应，感觉这个城市好陌生，没有我生活的空间。其实，我是一个喜欢闹腾的女孩儿，我多么渴望这个时候有一个懂我的朋友在身边。提起笔，打算给以前的同学写信，刚写了一半，泪水濡湿了眼睛，不知道如何写下去。

这时候，王宇翔闯进了我的世界，他说他和我一样喜欢街舞。我反问道："你怎么知道我喜欢街舞？"他神秘地一笑，送给我两个字："秘密。"我无心再探究下去，只为多了个志同道合的朋友而高兴。

课间，我们会在一起交流Poppin的想象力、Hiphop高难度的动作、Jazz自然流露的情感，看到我们讨论热烈，很多同学也加入进来，让我结识了更多的朋友,我的生活一下子变得充实起来。

放学后,我和王宇翔有一段路可以同行。那次,我们说得正起劲,王宇翔禁不住在大街上舞动起来,引得不少人围观。王宇翔朝我挤眉弄眼,于是我更加起劲地为他喝彩,最后他急不可耐地说:"傻丫头,我是让你端个盘子,去收钱呢。"啊?我一下子站在那里,窘得脸通红,恨不能找个地缝钻进去。

每每想起与王宇翔在一起的那段时光,我总是心存感激,是他阳光般的笑容让我的世界变得明媚起来。

2. 楚楚姑娘笨鸟先飞

高一时,我是班里宣传小组成员,说白了就是负责出板报。我们的组长姓楚,她喜欢别人叫她"楚楚",她性情豪爽,要是生在古代大有"大口吃肉,大碗喝酒"之气。但是女孩儿皆有爱美之心,她喜欢"楚楚动人"这个词,源于看过的一篇文章《狮子吼》,里面有句:"生得明眸皓齿,虽不擦脂抹粉,却有天然的姿色,楚楚动人。"她的这番理论深入人心,以至于我实在想不起她叫什么名字,只记得她叫"楚楚"。

那次板报主题是"保护环境",经过我们几个放学后加班加点的奋斗,终于大功告成了。班主任老师来"视察"工作,觉得黑板的右上角特别空,非要在上面添点儿东西。我们几个面面相觑,不知道添什么好,于是班主任老师亲自上阵,大笔挥洒,画了一只肥嘟嘟的大鸟,和主题一点儿也不相符。我们都强忍着,不敢笑。

他刚一走,楚楚掐起她的小蛮腰,一指黑板说:"哥几个,这鸟怎么办?"我们再也忍不住了,先笑了个够。经过我们小组一致商定,我们的板报已经很完美,右上角的空白是属于"留白",给人留下无限的想象空间,这大鸟简直是对"艺术"的"糟蹋"。

可是,说的时候都一套一套的,就像是没有人敢给猫脖子上挂铃铛的老鼠一样，没有人敢把大鸟擦去。这时候楚楚的侠女劲上来了，谁拦也没用，她踩在板凳上三两下就把大鸟给擦了。

晚自习的时候，班主任发现板报不对劲，就问："鸟呢？"只见楚楚淡定地说："老师，笨鸟先飞了。"顿时，教室里同学们哄堂大笑。

后来，我们班的板报真得了一等奖，楚楚姑娘笨鸟先飞的故事就被传为佳话。

3. 女词人官场记

上大学那会儿，大学里的宿舍管理员号称"辣大妈"，宿舍要求一尘不染，稍有邋遢立马扣分，更别说私自用个电热壶、电饭煲之类的电器了。于是，宿舍"舍长"一职显得尤为重要，不光干活多，还得学会和辣大妈周旋，会讨她老人家欢心。

我们宿舍是相当有福气的，因为我们的舍长是"李清照"，没错她的名字就是叫李清照。此李清照非彼"李清照"也，据她说她出生时，正值清晨，艳阳高照，故父取名为清照。

李清照正如其名，才气非凡，更让人佩服的是在她当舍长期间，我们宿舍就没被扣过分，就算偶尔被没收了电器，李舍长总有办法在辣大妈的眼皮子底下"顺回来"。

可是，好日子总有到头的时候，这不一年一届的舍长换届选举开始了。全宿舍的人都紧张兮兮的，谁也不愿意蹚这浑水，于是选来选去，大家的一致意见还是让李舍长连任。李舍长死活不肯，无奈之下，大家提议抓阄。

"抓就抓，我就不信，还能是我？"要不说，上帝是公平的，人太有才气了，脑子自然不能太好使，必须让我们忽悠一次。李舍长一抓就抓到了"舍长"俩字，她大叫一声，我们个个露出满意的笑容，纷纷祝贺，并表示："在李舍长的带领下，我们宿舍全体成员必将全力以赴，力争再次夺得'优秀宿舍'荣誉称号。"

李舍长哭笑不得，摸着我们的脑袋，五步成词："昨夜雨疏风骤，浓睡不晓计谋。试问舍友们，却道舍长依旧。亲啊。娘啊。应是侬肥俺瘦。"

"此处不能省略掌声。舍长太有才了，来，姐妹们呱唧呱唧。"李舍长就在一片稀里哗啦的掌声中无可奈何地上任了。

虽说这些细碎的青春过往一别数年，每每想来却历历在目。不管是街舞小子王宇翔、侠女楚楚、才女李清照，还是青春里那些擦肩而过的笑脸，都是我们青春里温暖人心的时光。青春韶华里或许我们没有激情的燃烧，也没有血色浪漫，但我们有匆匆那年，谨以怀念。

我不是很懂你们男孩子

　　谁知道等她十万火急赶到篮球场，什么都没有发生，两位当事人背对着她坐在地上灌水，旁边放着颗篮球。这是……已经结束了的节奏？林薇跑过去，你们和好了啊？！维泷和阿渠相视一笑，没有说话。林薇愣了，感叹道，我真的不是很懂你们男孩子这种生物啊！

老几辈的爱情圣经

夏南年

1

初二那年读了很多书，那些青涩懵懂的字句常常在盯着老师不停翻动的唇齿间反复写在白纸上。

后来整个高中三年大摞大摞带回家的变成了厚重的名著，那些甜蜜的词句几乎忘记，唯独清晰地记得，唐扶摇那本《致长久爱你的时光》的末章。

夏淼淼要离开这个世界了，她对司徒说："我可以跟你走，但卫行云，一定不可以死。"

"为什么？他死了，你们不是刚好可以重逢？你只是凡人，不必做圣人。"

夏淼淼回答："我不是圣人，我只是他的爱人。"

2

我一向不是个会吵架的人，大概是因为跟家里人互补的缘故——我妈格外会吵架。

她是那种出门买菜十有八九会和卖菜的人吵起来的普通妇女，是被我在丽江拉进一家演艺吧买瓶啤酒都能在异地他乡跟服务员吵起来的勇敢的人，也是有时一同走在大街小巷，需要我用百米冲刺的速度跑走很远，才不会让自己因为她突然放大的争吵声而在周围人目光中尴尬的人……

所以我格外不喜欢与她相处，也变成了无论和谁都不会争吵，形成了和她说三句话却必定吵架的习惯。我很烦躁，我爸跟我说："这也是没办法的事情，你妈从小生活环境就是天天吵架的。"

小时候的我还老气横秋地表达自己的无奈："你不能因为自己的问题而去影响别人。"后来我发现，爱吵架的人总是格外没有安全感，像我妈，她需要用自己的方式证明自己的存在，让别人按照自己的方式生活，这样才有希望让身边的人和自己好似融为一体，相亲相爱，我爸会那么说，是真的做到了绝对的包容。

前几天我爸心血来潮开车带我和我妈出门散步，在一个四处灯光很明亮的地方，我妈突然感叹："当初恋爱的时候，其实仔细想想，特别甜蜜。"

我爸立刻附和："对啊对啊，当初每天下班，最高兴的事儿就是很快能看到你了。谁知道二十年以后，每天走在回家的路上，一想到回家要挨骂，立刻把脚步放慢一点儿，再放慢一点儿。"

笑点低的我哈哈哈放声大笑。

我妈的确爱吵架，而且她与我的观念天生不同，我妈觉得，吵架就一定要分输赢，赢了没有奖杯，还会给感情增加裂痕，这些道理统统靠边站，反正无论如何，每次吵架，什么难听说什么，一定要你气得七窍生烟才肯罢休。最好笑的是，那些吵架的内容，往往是重复的。

在我印象中，我妈和我爸最普遍的吵架模式，起因是我爸买葱多买了一把、做饭辣椒多放了一个、坐在沙发上多玩了十分钟手机这样鸡毛蒜皮的小事儿，我妈就立刻剑拔弩张，皱着眉头开始大吼难听的话，不干不净的。我爸也不甘示弱，一不留神就问候了一些人。

于是吵架就上升到一个高度了，我妈会突然砸板凳："我妈走了，走得早，一走你就骂她，我算是看透你是什么人了。"

我爸立刻来气了："我什么时候骂她了？你不要无事生非！"于是一场战争就这样华丽地开始了，直到都吵累了，举休战牌。我在旁边看得目瞪口呆，我一般不劝解，一是很有可能引火上身，二是我记得三岁那年的晚上，我躲在被子里，就已经学会了接受他们的相处方式。

倒是后来我一直挺佩服我爸的，在我很多次放狠话，说"要不然你们离婚吧"后，我爸都会说："有什么办法呢？当初选择了她，就要一直走下去。"然后反复地说："你妈也不是故意的，她从小就生活在这样的环境里，你姥姥姥爷天天吵架，你妈一辈子四平八稳，没见过什么世面，自己什么都不会，她只有我们了。"

我觉得很烦躁，我爸又不是圣人，为什么会那么心甘情愿地一次又一次选择理解我妈。不是没有过抱怨，气得摔门出去，血压直直升高，可是最后，都会心平气和下来，我妈让他做什么，还是立刻跑去做。

十几年，是块石头，都该被我妈吵架的声音震碎了啊，反正我一直都在努力攒钱，想着远走高飞。

可是后来《圣经》里的一段话突然被用在了各种各样的文章里，并且，我屡看不厌，光是摘抄的笔记，就无意中重复抄了许多次。

而我觉得这两句，最适合我爸我妈。Love is patient, love is kind. It bears all things, believes all things, hopes all things, endures all things. Love never ends.

翻译过来真的很美好：爱是恒久忍耐，又有恩慈；凡事包容，凡事相信，凡事盼望，凡事忍耐。爱是永不止息。

我突然明白过来，夏淼淼为什么不许愿，让她爱了许多年的卫行云爱她生生世世，因为爱最美好的样子，就是看爱的人幸福。

我爸看到我妈闭上嘴巴，停下争执，都会心生温暖吧。

3

我最羡慕的一对人,不是与我同龄的那些校园里偷看一眼都会心生欢喜的青涩少年,而是爷爷奶奶。曾有岁月可回首,且以深情共白头。

奶奶和爷爷大概没有读过《圣经》,却把《圣经》里的话展现得淋漓尽致。

我从小就因为家里人忙,常常被送到爷爷奶奶家待一整天,长大后也是几乎每天都去吃饭,却从来没见过他们吵架。哦不,有时候也吵架,但是是这样吵架的!

奶奶指着倩字问我:"你看书多,说说这个字读什么?我说读qiàn,他非要读jìng。"

我伸头看看:"qiàn啊,巧笑倩兮的倩字。"

"你看我说得对吧?"奶奶特得意。爷爷就喋喋不休:"我明明记得读jìng,怎么可能不对?"

还有时候,奶奶吃着饭冲出来:"你怎么又忘拔电饭锅插销了?多浪费电。""还不是我刚盛完饭你就让我去干别的事,一打岔不就忘了嘛!"

"你还有理了?"奶奶的责怪是带着笑的!

我突然觉得我说错了,这哪里是吵架啊,连拌嘴都不是,这是世界上最简单的陪伴啊,是温柔的相濡以沫,以爱为基调。可是这些事,如果放在姥姥姥爷家,就真的是天大的事儿了。

以前在姥姥家,因为姥爷没有及时灌开水,两人大吵一架。我不惊奇,他们吵架的次数和我这种胖子吃的零食数量一样多,可是他们之间没有感情吗?姥姥去世时,姥爷的眼眶分明红了,分明是情真意切的感情,而姥姥当初执意和姥爷结婚,也决不是随随便便的决定。

我时常惊奇地问奶奶:"你们为什么从来不吵架?"

她很自然地回答："有问题就去解决它，没有吵架的理由啊。"

爱是不轻易发怒，不计算人的恶，不喜欢不义，只喜欢真理。因为足够爱，爱足够温暖，没有什么不能够被包容理解。我不是圣人，没必要对让自己气得要命的话百般理解，可是我们都是普通人，尽管时代变迁，物是人非，但爱和老几辈的人没什么不同。

再抬眼看看爷爷奶奶，我突然默默地吃起辣酱配蛋炒饭，试图用食物温暖自己，他们实在是太幸福了。我突然有点儿怀疑，我不喜欢吵架，也许只是因为我一个人，懒得自己和自己吵架而已，想想真的有点儿愤恨。

练字当练小楷，别问我为什么

绸 缪

某节班会课上，老冯挺着他那苹果型的大肚子握着戒尺在教室里晃来晃去，所经之处无不留下淡淡的烟草味。

对于班主任老冯同二师兄一样顽强不戒烟（贪）的态度，我与同桌唏嘘几声，抽抽鼻子，决心埋头于校印刷厂出产的厕纸型试卷中。虽然氨气的味道不比烟味好闻到哪里去，但为了健康着想，营造出发奋学习的假象好把老冯支得远一些。

天不遂人愿，心中所想与事实相违。

老冯慢悠悠晃到西北角四十五度离我有半米远时，停下脚步，吐烟圈儿似的吁了口气。

我心里一抖，顿时有种不祥的预感。

"作文四十分以下的重写。"

耶？什么意思？我看了看摊在桌子上的试卷。

四十……四十减一……等于多少来着？

……这不重要。重点是明明可以让我残喘苟活，为什么还弄个后缀，拐个小弯儿让我game over and again？

一想到这里，我不禁抬起头用隐晦的眼刀暗暗戳向斜前方葫芦形的背影。

真是葫芦开花——奇葩。

老冯在年级里算是一朵奇葩。

花也只能勉强算朵大王花。我死死盯着卷面，愤愤将笔杆咬得咯吱响。

瞧这流畅的文笔，严谨的逻辑，丰富的例证，还有那放荡不羁的字体……

冯葩葩一定是烟抽得太多，迷花了眼，才没有发掘出我这么个人才。

正当我孤芳自赏洋洋得意时，同桌凑过来瞅上两眼，指着分数底下一团模糊的字批问道："你看，这是什么意思？"

——字写得太差，看不懂，扣一分。

嚯！冯粑粑你不要欺人太甚！你瞧你的字，连我同桌也不认得啊。

身为高中语文教师的老冯自言毕业于保密局，因而他的连笔字传承了保密局的摩斯密码。

我能在三秒之内准确翻译出老冯的御批，实在是见得太多，都习惯了。

遥想高二那年，分班结束。挥手作别理科班昔日的同窗们，我满腔鸡血拜师于老冯门下。

于是……于是作文再也没有上过四十五分。

这对于我个人来说是件微不足道的小事，但是苛政猛于虎啊！老冯你让全班每周重写一篇作文是闹哪样啊！

不仅如此，他老人家还十分喜爱在我的作业上留些墨宝。

原因很简单，老冯固执地认为——我是一个对语文作业万分不尊重的学生。

第一次正面交锋时，他说："缪同学写作文态度不端正。"我抠抠卷子上厚如石膏的改正带，默不作声。

第二次他说："缪同学的答案十分粗糙。"我瞥向同排一起罚站的糙汉子们，忽然对自己的性别产生了怀疑。

久而久之，当我麻木不仁地交完大半个学期作业后，老冯终于改变了观点。他小眼神儿锃亮，激动不已地总结出一条新结论：缪同学不是态度问题，而是审美观出现了偏差呀！

于是他当着全班的面一本正经道："缪同学的字像一团杂草。"

我想这绝对是我一生中最大的污点，没有之一。

"宝宝一直觉得自己的字独树一帜，独领风骚。"在老冯下定义之前，我常将身体扭成麻花状向前后左右如此宣传。

坐在四周善良淳朴的张三李四王二同学虽然对我的厚颜无耻无可奈何，但依然诚实地认同我的书法造诣。毕竟他们都是被我连哄带骗成了文学社员，也是看我的字抄我的作业长大的。

然而老冯轻飘飘一句话，让我从陈子昂的《登幽州台歌》里前两句直接跌到后两句，还落得个草民的称号，自尊心碎成渣。

"老冯咋就没看出来，我这么潇洒的狂草。"

"他看出来了，否则怎么会说像团杂草。"

……

自嘲归自嘲。我写的并非草书，是介于行书与楷书之间的行楷。练了多年正楷后，我发现高考文综得在考场上憋仨小时膀胱，机智如本宝宝立马将字帖换成行楷，心想着同桌写俩字时我早已麻溜儿地写了一行，文综帝这个名号我就不客气地收下了咩哈哈哈哈……

认真练字的人应该都知道，和画画一样，写字积累到一定程度会遭遇到瓶颈，受到笔不顺手、纸张太滑、手心出汗、天气不好、心情不佳等等非不可抗力的干扰。

结果自己的字奇丑无比。

好吧这些都是扯淡，真实的感受是——

那天语文考试碰巧厕纸，不，是试卷没有散发氨气，碰巧笔芯十分顺畅，碰巧作文合我口味，我写得恣意欢快，飘飘然同大鹏扶摇直上。

然后，四十减一分。

……老冯你想说我字丑就明着来，暗地里欲擒故纵耍我很好玩么？！

所以我还是在纠结要不要重写作文……

思来想去，我颤巍巍地捏着笔杆，掀开不知从哪疙瘩翻出来的描红本，无视已成标本的蛀书虫干尸，一笔一画描起来。

描完一字后，傻了眼。

这么丑的字是谁写的！

迫不得已翻出的小学字帖满满都是我天赋异禀的证据啊！

不过瞧这字，该直的不直，该弯的不弯，犹如看剧一样，咔嚓嚓崩裂我的价值观。

已碎成渣的自尊心兑着凉白开，刚裂成块的价值观混着薯片，再摆上草团一样的字，内心真真是开了场夜宴，各种滋味。

得，我还是over and again吧。

在我们懵懂的孩童时期以及狂躁的中二时期，用字帖给我们催肥的语文园丁们都是字帖的专业推销户。面对我们一脸蒙圈或是一脸狂跩炫酷，仍能微笑着劝导我们：只要九块九，一手的好字，成就美好人生！

我的园丁们不负众望都会写美美的字，美得在我觊觎她们的及腰长发和绣花长裙的同时稍稍对练字上了心。

但是没人告诉我练字后不好好写字就会被打回原形，甚至更丑！

我捏着右手中指的疙瘩悲痛无比：以前是我嘴贱天天嚷嚷手残，如今这只手除了打DOTA，真的没什么可炫的技能了……

人都有求生的欲望。为了不淹死在手残党中，我拿出写情书的专注力重写作文。

一，二，三，哎呀钩飞起来了！

一，二，三，哎呀口变成圈了！

老冯每逢课间必查教室。他这个人是典型的"未见其人先闻其味"，凑巧我誊作文过于投入没看见他带着一身媲美氨气的烟味缓缓逼近。

老冯是个矛盾的胖子。我从未见过这般管教严厉却因胖随意卖萌、内心明明是个傲娇小公主却因教语文的职业不得不装出一副博学多才、城府极深的老师。他有个极其隐蔽的小动作，特喜欢在发言前摸摸肚子，向我们发出"啊我刚抽饱烟肺正在自动过滤净化请容我酝酿一二"的信号。每次重写作文时我不由自主地脑补世界的矛盾源就藏在他的肺里，一不小心吸了口冯某出产的二手烟我们都会变成没有脑子只会重写作文的僵尸……

老冯勾勾中指喊我去办公室，在一众好事老师面前摸了摸肚子。

噢，要发言了。先容我想想，是"缪同学恭喜你的字晋升为护花的春泥"，还是"缪同学，今日我要将本局的传局之宝摩斯密码传授与你"？

我盯着他的肚子，一边猜测他是吞了一个西瓜呢还是两个西瓜，一边等着下文。

十分钟过去了，老冯依旧靠在椅子上摸肚子。

……我还有大半篇作文没写呢，别磨蹭了行吗？

我挪了挪有些麻的脚跟，偷偷上移视线。

……嚯，这是个纠结的胖子。

胖子你不要鼓着脸恶意卖萌……不我是说请故意缩回点儿肉！

老冯咳了咳老烟嗓，郑重交给我一张湿漉漉的海报让我自行领悟去。

……《论如何在五天之内练好钢笔字》？

老冯又咳了一下，顾及我面子好心提醒道："学文科的又是女孩子，字不好看有点儿说不过去吧？反正讲座是免费的，听听无妨。"

可恶！你的字才不好看咧！你全班的字都不好看！你有见过我家厚厚一摞小学生描红本吗？我只是没有认真写好吗！

"……谢谢老师。"心里吐槽得很欢实，我还是一本正经地折好海报退出办公室。

回班途中突然想起一个细节：老冯在哪儿捡的海报？……貌似是厕所吧？……怪不得湿乎乎的。

老冯啊，真是难为你了。不，更是难为我了。

不知道是讲座的功劳还是我努力一笔一画不连笔的坚持，总之我那魔性的字又恢复了如花美貌的样子，同时成功逮回了想跳槽到书法社的张三李四王二同学。他们续了社费，一脸苦闷，让我有生之年见识到"文学是苦闷的象征"这一真实事例。

近日班上凭空多出把烤肉用的夹子。老冯用它代替英年早逝的戒尺，大家也由在课上神叨叨转向吞口水。

不过大家很快就没了食欲。因为这玩意儿打手心的同时兼职夹垃圾——为照顾某人弯不下腰。

老冯慢悠悠摸着肚子，像怀着个冬瓜似的艰难下腰，夹起纸团扔进垃圾桶。桶里全是他课间巡逻收集来的罪证。扫荡完毕，监考时又坐不住洗了三遍黑板。

……如此事必躬亲的班主任我真是头一次看到，如果对我们的要求松一点儿，冯胖子真是又萌又暖心！

我认认真真写完试卷，支着脑袋仰望站在台前摸肚子的老冯。

距离太远闻不到烟味，而严肃的表情呈现在肉乎乎的脸上，造成巨大反差萌。

据说二十年前的班主任长发飘飘怀中抱把吉他的样子迷倒一大群女生。如今我无福看到，只能对着师娘一手好厨艺佩服得五体投地。

后来我问他："老冯你这么操心操肺的，为什么体重就是减不下来?"

老冯瞟了眼卷子,笑得憨憨的。

……我知道你又在打什么主意!都高三了能不重写了么,大爷?

如果可以,老冯啊,咱俩商量个事。

用我一行字换你一两肥肉,好么?

我与文综组的故事

走 之

求雷哥补充智商

自从我创下地理成绩最低纪录开始,就不小心地成为雷哥的重点监督对象。

星期一:雷哥依然保持万年不变的冰山脸,用他富有磁性的迷人声线说:"走之,下课带卷子来文综组。"

星期二:一个可爱的邻班地理科代表有礼貌地敲门,用稚嫩的声音说很沉重的话题:"老师好,地理老师让您班走之带卷子去文综组。"

星期三:体育老师非常之和蔼地对我说:"丫头,你先去找地理老师吧,自习课我再给你单独测体测。"

我眼中饱含泪水与同学们告别,悲壮的背影最终消失在教学楼内,对操场与天空,爱得深沉……

雷哥的小迷妹们对我说:"你知足吧,成功地引起了我们霸道总裁的注意。"

当我一周之内第七次跑去文综组的时候,雷哥问我:"政治、历史、地理,哪个好学?"

他露出狡黠目光。同时，我的身后杀来两束刀锋般的眼神。

"都深邃，都有故事，都不好学……嘿嘿，老师再见！"我拿着卷子要跑，只听雷哥发出低沉的低音炮："走之这智商不行啊！"

老武，你可是老师啊！

政治老师和老武都想要我们班出一节公开课，也都作了充足的准备。

政治老师找我们去做课前新闻，却被武雷二人当场抓住，扣上"作弊"罪名！

"你们是不是还安排举左手举右手代表谁会谁不会啊！哈哈哈……"雷哥的左右手切换着举起，把自己逗得前仰后合。我们只是沉默着，看他好看的笑颜，参不透他低智商的笑点。

最终两个人竟然因为两颗那么小的巧克力糖而就此罢休。

我相信多年前政治老师是他俩的班主任这一事实了。

然而老武！这个腹黑汉！在大美人讲课的时候竟然做鬼脸！

当然，回到了文综组，他就像个小学生一样，低头给大美人认错。最终，文综组接下来一个月的水都是他换的。

在班级里，没有大美人的地方，他依然嚣张，"嘿嘿"一脸坏笑："检验你们到底和谁好的时候到啦！明天上午第二节公开课，加油吧你们！"

我们坐在温暖的教室里，不禁打了个寒战。

夏天来势汹汹，到了下午更是睡意浓浓，连空中飞的蚊子都懒得叫唤。老武依然在讲台上饱含着对我们的爱，对职业的高度革命热情与责任感，生动地讲着练习题。

"……所以此题表明了什么？好的，来，大家看我，我脸上有花儿……"

大家还是无精打采地低着头。

"这样吧,你们喊几嗓子!大声喊,就像——"班级里一瞬间的沉闷,"我!这!么!喊!"

我的心脏在猛烈地跳动……

"精神点儿了吗,我可爱的同学们?"我看周围没出息的人都频频点头,于是也没出息地"盲目从众"。

"好的,亲爱的同学们,我们继续上课。"

女神,我们是真的爱你

政治老师是文理班公认的——岳大美人。

只要你肯勤快一点儿,就能在早自习前看到她把长长的头发束成干净利落的马尾,披着浅蓝色的天空在操场上跑圈。

大家常常上着课,就会不自觉地欣赏起她的大长腿和舒服的衣着。行走的衣架——这大概是对岳大美人最贴切的形容啦。

当然,除了形体美,大美人的内心也是超级温柔的。如果我们的练习做得不好,就会被"请"去文综组喝茶、吃糖、聊理想,回来的人却都会满面泪痕道:"我对不起老师对不起祖国对不起党。"然后还疯癫般嚷:"我要洗心革面,好好做人!"

为了表达全班同学对大美人的喜爱之情,在教师节的时候,为大美人精心准备了一次"惊喜告白"。

晚自习时,大美人匆匆忙忙走进来准备课件,然后一脸茫然地看着政治科代表严肃而又庄重地走上讲台,用大屏幕播放邓紫棋的《夜空中最亮的星》。

屏幕上开始缓缓放映着十六班与大美人在各种学校活动上的合照。

大美人从一脸困惑到两眼泛红。

歌曲到了高潮部分,大家站起来喊道:"老师节日快乐!"

大美人捂着脸,哽咽着说不出话。

"女神！我们爱你！"

生活嘛，开心最重要

生活上的疑惑，学习上的压力，没有什么是去一趟文综组解决不了的，如果有的话，就让雷哥给你一个温暖的笑，大美人送你一块糖，老武给你讲一个段子，什么挫折都会过去。

曾经我被请去文综组喝茶时，大美人说过这样一句话——生活嘛，努力就好，因为，开心最重要。

我不是很懂你们男孩子

翁翁不倒

当阿渠再一次抖腿导致其椅子靠着的后桌和他一起进入共震模式时,维泷发怒了,忍无可忍地踢了阿渠的椅子一脚:"把椅子挪上去!"阿渠莫名其妙地回头看他:"你干什么啊?!"

"你知不知道你这种行为很讨人厌!"

"我怎么了我?!"

维泷黑着一张脸没有回答阿渠,阿渠扭回头一脸怒气地碎碎念,连带着把自己椅子挪得和课桌靠得紧紧的,企图将自己挤成一块肉饼,"这什么人啊!有话不好好说,还踹人,一点素质都没有。我刚洗的澡,还踢到我衣服了……"

两人迅速进入冷战时期,顶着一张包公脸,谁也不搭理谁。

下午看到维泷和别人谈笑风生,阿渠气不打一处来,这么快就释怀了是吧?亏他还难过了半天,是他想太多了吗?!虽然在男生堆中他算是心思细腻的,但像维泷这样的不是太粗鲁了吗!诅咒他找不到女朋友!

晚自习的时候,维泷找阿渠借学习资料,阿渠闷在书堆里没说话,维泷拍拍他的肩,柔声道:"喂,借我一下。"阿渠嫌弃地拍开他的手:"你这次怎么不踹我了?!"

"对不起,早上是我做得不对。"阿渠没有说话,维泷又拍了拍他，他起身拿着习题册换了个位置坐着。

维泷和阿渠的冷战模式开启了。

纵观高中生涯，林薇遇见过最喜欢抖腿的人就是她现任同桌，节奏感之强、频率之快，让林薇看着看着，眼前一直在重复那个画面，整个人都不好了。

她一直试图拉她同桌回正轨的。

林薇最喜欢对阿渠说的一句话就是："同桌，抖腿是一种病啊！男抖穷女抖贱啊！"

然而她同桌不为所动，两条腿依旧抖得很有节奏感。

某天林薇上完生物课，重新分析了一下她同桌的病因："同桌你是太冷了吗？因此导致骨骼肌不自主战栗？快穿暖和点儿，别再抖腿了好吗求你！我现在每天晚上睡觉闭上眼睛脑海里都是你抖腿的画面！"

"哦，是吗？那我岂不是在你深深的脑海里了？不错。"

到后来，林薇已经习惯了，有时阿渠不抖腿，她反而觉得怪怪的："同桌你热吗？我去给你开个风扇？"

阿渠回复她的永远是一个大大的白眼。

而这几天，林薇感觉有点儿不对劲儿。

最直观的就是她同桌每天都坐得跟块被挤扁的肉馅似的，这样坐反而让他改正坏习惯，不抖腿了！所以林薇想这估计是同桌一心想要走回正道去哪找的祖传秘方吧，也就没理他了。但是，阿渠竟然一整天都没跟后桌维泷说话！这就奇怪了，因为他们的关系好得就像两个恋爱中的小女生似的，林薇听说过也感受过很多次了。

这俩人从小学就在一起了，那时候阿渠还是个秀气白净跟女孩子似的也不爱抖腿的小正太，维泷从小就是块黑炭，大了反而白回来一点，这俩人天天体育课上抢着荡秋千，把人家小姑娘挤到一边，哭着跑去跟老师报告，老师教育他们，男子汉要玩的是篮球！怎么老是抢女孩子的东西呢？这开启了俩人的篮球之路，队友情谊越来越深，到高中那会儿，已经在学校里小有名气了。从小学到高中，阿渠和维泷在一起待久了，越来越像对方了，林薇时常叫混名字，只有两人都坐下来才能准确无误地认出来，因为——阿渠要抖腿。

而另一个容易区别的特点，是阿渠那张爱坑队友的嘴。林薇已经不只一次领教了。数学老师在黑板上讲解一道题，讲完问"哪位同学还有其他解法吗？"大家都静静的，阿渠举手，老师很欣慰地看着他，然后他说："维泷有！"又或者是有同学举手说了自己的解法，然后阿渠跟着举手："老师维泷有10086种解法！"也是维泷脾气好才没跟他计较，林薇真庆幸她同桌没惦记上她，不然自己迟早得被气死。

所以当维泷找林薇说自己惹恼阿渠了，问要怎么哄好他，她有没有什么好点子的时候，林薇沉默了，原来，俩人这是吵架了？男孩子也是需要哄的么？

林薇说，你等我想想啊，我看过很多言情小说来着，各种套路熟着呢！但她似乎忘记了言情小说都是男哄女，就算阿渠以前像女孩子，知道了林薇这么想也得被气死啊！

林薇凭自己的关系找到校园广播站播放道歉，稿子还是她亲手写的，什么"我是维泷，我最最亲爱的阿渠，对不起，我不应该踩到你的衣服把它弄脏了，不应该大声对你讲话，希望你能够原谅我，毕竟……"第二天全班同学看着维泷和阿渠都是一脸"我懂，我都懂，别解释"的笑，有其他班的学生还特地跑来看广播里提到的当事人，阿渠的脸更黑了。

一计不成，再生一计。林薇说维泷你别怕，这次一定成功。周日恰好赶上班级联欢晚会，林薇设计了一个抱团游戏，还硬要把维泷和阿渠排在一起，千叮咛万嘱咐："待会儿一定不要害羞，要勇敢地抱在一起！你们是好兄弟哎！加油加油！"林薇本来打算在台下当观众，玩儿到嗨的时候不知道被谁一把抓上了台，然后听到主持人喊："两个人，抱团。"吓得她四处找人，看到阿渠，一把抓住了他衣服，然后……把维泷给挤出去了……这一计算是又失败了。连维泷也连连摆手，算了算了，随它去吧。若是有缘分，谁也拆散不了我和阿渠的。林薇一脸无语，维泷你言情剧看多了吧。

也是当这时候林薇才发现阿渠徒有个子不长脑子，看着挺成熟，其实内心幼稚得跟小孩子一样，需要人夸需要人哄，不然就跟你闹脾气。

本以为两个人再冷个几天就慢慢好转，没想到不到两天，林薇就听说维泷和阿渠在篮球场进行PK，当时她整颗心都悬起来了，生怕两个只长个子不长脑子的白痴P着P着就打起来了。谁知道等她十万火急赶到篮球场，什么都没有发生，两位当事人背对着她坐在地上灌水，旁边放着颗篮球。这是……已经结束了的节奏？林薇跑过去，你们和好了啊？！维泷和阿渠相视一笑，没有说话。林薇愣了，感叹道，我真的不是很懂你们男孩子这种生物啊！不过好了就行，好了就行……

关于阿渠和维泷是怎么和好的，这件事是这样的：冷战了这么多天，阿渠早已经跟开盖放过夜的可乐一样——没气了。只是看到林薇那个白痴老和维泷偷偷摸摸讨论什么阴谋大计，嗯，他吃醋了，不爽，非常不爽。虽然他猜到这可能是为了哄自己，毕竟之前那些不着调的烂主意一看就是她的风格。但他还是不爽他们俩靠那么近。但是他不能说啊，不行，说出来就太没面子了，所以当维泷怀抱篮球站他对面问他到底怎么样才肯原谅自己时，阿渠的脸很诡异地红了，偏向一边，闷闷地开口，离……离林薇远点儿。然后维泷看着阿渠愣了一下，脸上浮现很欠揍的笑容，后来还自告奋勇要帮他追林薇。阿渠翻了个白眼："得了，就你那点儿招儿！"

到底是谁说女孩子是一种神奇生物的？明明男孩子们也是啊！

决战黑名单

檐 萧

1. 人品掉线

罗小佟觉得这半年都在水逆,期间人品掉线,诸事不顺。

排长队轮到她却被告知商品已售罄,但凡翘课必撞到班主任突击检查,就连考试都以一分之差坐实倒数第一,这种事接二连三发生后,罗小佟不得不听信谣言,决定用红色转运。

第二天罗小佟被全校通报。她染了一头招摇的红发,和老师顶撞时,还口口声声说着要改命。班主任以为她被迷信机构洗脑,痛心疾首地喊来了罗小佟她妈。

已经有半个月没见到罗小佟的罗妈一阵儿风似的从她身边掠过,继而心急如焚地握住了班主任的手。在班主任眼神示意下终于扭头看到她本尊后,罗妈有一瞬的魂出天际,看起来有点儿懵,还有点儿傻。

其实呢,罗妈是非常能干的商人,一个月有二十天全世界各地飞,忙起来的时候罗小佟就像捡来的,所以这也就间接造成她们母女关系疏离,就剩下金钱来维系关系。

罗小佟翻个白眼,懒洋洋地说:"您回来了,别愣了,是我罗小佟本人,我最近喜欢红色,不接受任何反驳。"

班主任板起脸正要呵斥她:"你这是什么态度?"

可罗妈喜笑颜开地点点头,一脸女儿奴的样子:"红色挺好,看起来活泼。"

"呵呵。"罗小佟冷笑完,转身离开,留下两个大人面面相觑,一时都不知从何说起。

晚上罗妈带她参加活动,院子里坐了好几桌西装革履的大人,罗小佟十分无聊地躲到一边荡秋千,撞到人的时候,她以为转运失败,气急败坏地骂了一声,扭头一看,竟然是学霸男神陆小川。

"罗小佟是你啊?忽然跑出来没吓到你吧?"他轻声问。

罗小佟下意识伸手揪了下红发,不敢相信这种好事居然会被她撞上,陆学霸居然还记得她这个小透明。

前段时间市演讲比赛,罗小佟莫名其妙被要求参赛,虽然她见过不少大世面,但还是欠缺好学生临危不乱的素养,候场时吹冷气吹过头了,导致她上台时觉得头昏脑涨,要命的是还流鼻涕。

画面一时有些可怕,罗小佟强自支撑着一直到下台都没敢抬头,生怕开口就会尴尬地冒出鼻涕泡,直到眼前忽然出现一张救命的纸巾。

两分钟后,她回头,恰好看到陆小川走到了帷幕后的壁灯下,姜黄色的温暖光圈里,他长身玉立,像一个深藏功名的英雄。那次比赛,陆英雄不负众望夺得桂冠,她全程陪跑,第一次窥到远方。如今回望,他是整个水逆里唯一的收获。

她想,怪不得歌词里唱,为了要遇见你,我连水逆都反复练习。

偶遇陆小川之后,八竿子打不着的两个人忽然开始频繁遇见。

陆小川邀她一块儿去图书馆,坐十分钟就浑身难受的罗小佟意外地没有拒绝,因为陆小川说,所有的书都是好书,漫画也好,小说也好,读过都会有收获。

换了旁人这样说,罗小佟的逆反心理会想"你是不是看不起我,明明天天捧着名著,偏还说漫画也不错",但陆小川一脸真诚,好看的脸和优秀的成绩,让人想不到反驳的理由。叛逆的罗小佟忽然意识到自己的段位实在太低，成绩好坏，打扮离奇好像都没什么了不起，最酷的应该像陆小川这样，风轻云淡秒赢大批高手，说什么都充满哲理。

后来，不知出于什么心理，罗小佟偷偷摸摸加了陆小川的微信，不透露自己是谁，也不主动找他聊天，在聊天列表里像内奸一样的存在，偷偷观察他读过的书，看过的电影和喜欢的诗词。

2.演技在线

现实里，两个人做"书友"一段时间后，陆小川忽然发现罗小佟的词典里生字太多，他忽然脑洞大开，提出要帮她补习功课。为此，他整理了各科笔记，厚厚几本垒在一起，山一样压在她书桌上，罗小佟十分感动，然后拒绝了他。

万一被发现她的教育程度还停在初一，淑女的名声还要不要了。

陆小川怒其不争地敲了下她的头，掷地有声："我这种学霸补课一小时两百块，开玩笑，我给你补习你是在赚钱懂吗？"

数学成绩极其一般的罗小佟十分质疑地问了句："是吗？那好吧。"

就这样，白日里不敢有一丝懈怠的罗小佟朝着陆学霸的目标扶摇直上，除了问问题，连话都不准多说。但到了晚上，她就开始放飞天性，装成另一个人用微信和陆小川聊天。

他的微信昵称十分的高冷——呵呵。

这导致内奸罗小佟潜伏了两个月之后，才敢跟他说第一句话，意外的是陆学霸对她这种来路不明的路人十分热情，只是回复速度有点儿侮辱智商，但她毫不在意。她们在对话框里谈天说地，没有面对面的压迫紧张，罗小佟抖机灵是把好手，斗表情包更是无敌手，没多久就把学霸收服了。

她知道他嗜辣，爱历史，爱民谣，有轻微洁癖，看着斯文俊秀却想洒脱地走遍天下。

罗小佟勤奋得欲罢不能。白日有陆学霸义正辞严地监督她学习，晚上有"呵呵"马甲分享着生活点滴，那段时间让罗小佟觉得红色是世上最美的最温暖的颜色。

古城保护季，学校响应号召，准备举办相关历史文化主题活动，包括趣味历史问题、历史呈现、历史参观等等一系列活动。

陆小川作为学生代表、历史迷，对这种活动有空前绝后的热情和义不容辞的责任，撸起袖子每天研究得热火朝天，根本顾不上和罗小佟聊微信。她的成绩自从上次展现质的飞跃后，陆小川对她的监督十分松懈，她已经好几天没见到他了，每天戳开微信头像数十次，却等不到他一句话。

罗妈作为活动的赞助方之一，活动前回来过一次，其间带着罗小佟去了次游乐场。不仅如此，她还积极参与像激流勇进、大摆锤这样的惊险刺激的项目，罗小佟瞪大眼睛，听着身旁罗妈冲破天际的呼喊，觉得还是自己忍着会比较酷。

中途罗妈提议去尝试游乐场最恐怖最具有代表性的落差巨大的过山车，罗小佟脸色一白，找借口托词，罗妈看着她笑了笑，转身带着她去了鬼屋。

耍酷的少女忽然觉得，被看穿的感觉，其实也很好啊。

"你为什么忽然带我来玩？"罗小佟在甜品店里，舔一口冰激淋问。

"因为我想过六一啊！"罗妈说得理直气壮，气得罗小佟刚刷出来的存在感又一瞬灰飞烟灭，合着她就是个挡箭牌。

那天晚上，几天没空理罗小佟的呵呵忽然给她回复了一个晚安。她抱着手机，傻兮兮地笑着入眠。

历史活动进行得如火如荼，陆小川的前缀里又加了一道光环，罗小佟忽然发现她得非常努力，才能一直和陆学霸做同学。她自发地奋起学习，一直到了决赛才被提醒要记得去看。那天下午，她原本在刷题，听到有同学找陆小川，问他微信号，罗小佟很得意地勾勾嘴角，忽然前排的另一个女学霸说正在和他聊天，有什么问题她可以先转告。

罗小佟灵机一动，第一次在白天用微信给他发信息，可意外的是，他并没有回她。

小心眼的罗小佟对此耿耿于怀，忍不住拿她和女学霸比较，她红色短发，她黑色长直；她成绩中游，她问鼎前三；她矮，她高。这样一看，似乎她的确没什么胜算，可心里还是对陆小川看重别的女生胜过她而觉得天空阴暗。

罗小佟赌气，接连好几天都没找他聊天，而忙着争夺赛的陆学霸自然也无暇顾及她为什么沉默。

3.黑名单见

陆小川就是行走的奖牌收割机，历史活动赢得毫不意外。

罗小佟不想暴露身份，但就现实状况而言，她还是因他而受益良多，所以为了庆祝他胜出，她特意去逛街买礼物。

从电子商品逛到游戏手办，罗小佟想把全世界的好玩的都打包送给他，一时陷入了困难的抉择。她瘫在长椅上犹豫不决的时候，扭头忽然看到了咖啡馆里坐着非常眼熟的两个人，罗妈和陆小川。

饶是罗小佟再迟钝，也察觉这次会晤有猫腻，甚至一瞬间联想到陆小川对她所有的好，几乎怀疑他可能是她失散多年的哥哥。罗小佟谨慎地藏起来，默默地观察她们，似乎并没有什么亲昵的举动，她长舒一口气，忽然又有一个大胆的猜想。

她掏出兜里的手机，给呵呵发了微信。

果不其然，罗妈先拿起桌上的手机看了两眼，转而又递给了陆小川，后来斟酌了一下才给她回复："在图书馆，你呢？"

骗子！

罗小佟发完信息，愤怒地拉黑了这个号。

从一定意义上来说，她拉黑的是罗妈。她联合陆小川骗她，罗小佟根本无从得知在某个时辰跟她聊天的究竟是哪一个，或者他们根本就是共用一个号，她的喜好，她的想法，她的日常琐事，他们都共享，煞费苦心地密谋着不要露馅，而她还沾沾自喜地以为自己英明得滴水不漏。

一连多日，罗小佟臭着脸一副天下唯我独尊的风范，连陆小川的庆功会都没去参加。

过了两日，陆小川以监督功课的名义旁敲侧击，还装作灵光乍现的模样让她加他微信，罗小佟静静地配合着他的表演，一番长篇大论后，她呵呵一笑："别装了，就是你想的那样，我都看到了，你们，联合起来，骗我！"

说完，一时觉得全身舒畅，她恍然，原来安静地看别人表演是这样的感觉。看穿不说穿，仿佛神明俯视众生。

陆小川一时愣住，眼神东躲西藏，最后被她咄咄逼人的气势击败，他说，那个号他偶尔会用，虽然他帮罗妈妈欺骗了她，但想帮她补习功课是真的，喜欢跟她做朋友也是真的。

"通敌叛国，罪不可恕！"

罗小佟想到她那么傻缺地多次吐槽罗妈，结果尽数落入当事人的眼中，就尴尬得恨不能原地隐身。怪不得她忽然带她去游乐园，怪不得她没有再自作主张给她买恶俗的粉色公主裙，那么多的巧合，都是蓄谋已久。

罗小佟做了好几日独行侠，罗妈出差前，终于堵住她进行了一次谈话。

两人坐在方桌对面，都对自己所做的事汗颜，相对沉默了很久之后，罗妈率先开口道歉："我知道错了，第一次当妈没经验啊，希望宝宝原谅，我保证没想窥探隐私，只是想更了解你。"

"呵呵，还有呢？"罗小佟冷笑一声，欺软怕硬是她的强项，不然差一点儿她就要先道歉了。其实事后联系她的口头禅，几乎不难猜想那个微信号昵称的来源。

"陆小川的父母和我是同事,我听说他品学兼优,请他帮忙照顾你,他同意了。"罗妈撇撇嘴,有些不好意思。

罗小佟翻个白眼,她一直以为自己的存在像包调料,虽然不可少,但总归无关紧要,难得发现自己被这样重视,她模样十分傲娇地说:"赶飞机去吧您,下不为例,不然咱们黑名单见。"

罗小佟想起给陆小川买的礼物屯了好几天都还没送出去,这天,她打开微信,看一眼好友请求列表里孜孜不倦申请加她为好友的某大号,终于点了同意。

校门外新开了甜品店,据说榴莲千层超级好吃,去吗?附赠一个笑脸。——来自陆小川。

学霸不约考试约甜品,真稀奇,罗小佟回复了一个"好"字。

很久之后,被陆学霸积极向上的态度影响的罗小佟染回了黑发,结束了水逆。那年中考,还如愿和陆学霸考上了同一所重点高中。假期学霸带她去探索新世界,即便在夏日也终年不化的雪山,被云朵投下阴影就像油画一般的高山草原小城堡,虔诚磕头为信仰而生的民族,都让罗小佟大为惊叹。

8月中旬,浪迹一个多月回家的罗小佟,照镜子时忽然发觉有什么不对,她看着朋友圈一路走来晒的行程,果然是皮肤正一步步黑化,连罗妈都嫌弃得没有点赞。

罗小佟躺在榻榻米上发微信撒娇,用可达鸭的表情图跟罗妈申请资金买面膜,继"最后再要九十九"之后,眼看大功告成,她连忙发了最后那张"爱我再给两百块",却迟迟没有回复,她再次投递表情包过去时,忽然发现被罗妈拉黑了……

风水轮流转,仿佛上次被她拉黑还是昨日。

忽然,她手机叮咚一声,罗妈短信问她:微信号是不是被盗了?那个黑不溜秋的女孩子乍一看很像你!

罗小佟咬牙切齿地回复:绝交吧,咱们黑名单见!

喂，看我，你在害怕什么？

二笔

应广大群众要求，由在下执笔，与大家共同分享一个发生在今日的故事。

话说那是大约在三天前，本人的好基友阿玥同学听闻大名鼎鼎的藤木病院于近日抵达本市。本着no zuo on die why you try的中二原则，我俩一拍即合决定周末就去作死。又因游戏规则为六人一队，遂迅速将两只学妹拖下水，又以武力胁迫了两条汉子同行，"藤木搞笑"六人队形由此诞生。

在此我要先表扬一下一号同学郭某某，作为一名被"不来就等死吧"恐吓来的汉子，他淋漓尽致地表现出了什么叫"真正的勇士，敢于直面每一个开门杀"，除在最后一个房间被墙角的小妹妹吓到外，全程安静地奋战在队伍的第一线，为后续妹子们默默趟雷。

与其形成鲜明对比的是二号同学张某某，亦是我们今天故事的主角。遥想当日我在群里求组队时，人称大佬的张同学是多么意气风发。

——鬼屋无感！

——上次去嘉年华的鬼屋是笑着出来的！！

——有兴趣，你组队吧！！！

啊，勇士，求抱大腿！然而这口头上的云淡风轻并没有什么用。

当日下午一时左右，我们一行六人准时抵达藤木病院，在外排队时各种尖叫声不绝于耳。起初我们都未在意，而当几声汉子的尖叫穿出墙壁时，张同学便表现出了少许不同的情绪，具体可表现为——他挂在了一号郭同学的身上。

是的，这并不能说明什么。

刚刚进入第一个房间，我们便立刻受到了一群不明物体的袭击。妹子们开始尖叫，大佬也发出了惊呼。嗯，还是没人在意，毕竟他可能只是在调侃妹子们。于是我们继续前行。第二扇门，第三扇门，第四扇门……啊啊啊啊啊……

亲爱的听众，请你们告诉我，到底是怎样的力量会让一个一米八的汉子喊得一声比一声惨？到底是怎样的力量会让其完全拴在另一名一米八多的汉子身上动也不敢动？到底是怎样的力量会让郭同学在这阴森恐怖的鬼屋对其身后的男同学不断发出例如"我衣服要扯破了""你别掐我啊"此等质问话语？是人性的丑恶还是道德的沦丧？！请关注今日说法之二哥讲故事（啊呸）！

总之鬼屋就在妹子们的笑与尖叫及大佬的惨叫声中安然走过。然而故事并没有结束。刚出鬼屋，郭同学便迅速闪离大佬身侧。众皆不解，郭同学默默伸出被抓得红一道青一道面目全非的胳膊……我们："哦……"（因其内容涉及血腥暴力在此我就不上图了。）

事后我方妹子幕后采访大佬。

——原来你胆子这么小啊？

——才没有！

哦……大佬同学，既然你的胆子一点儿都不小，那请告诉我们，到底是什么力量迫使你在每次开门杀后都惨叫连连完爆一群妹子？

是什么力量迫使你在最后一个门以迅雷不及掩耳盗铃之势反冲向入口险些撞倒我们后面一群人？

是什么力量迫使你一次又一次试图甩开拉着你的妹子？

请、正、面、回、答！

绅士的品格·大连站

小太爷

大连的孙叔是我爸当年班级里的大学霸，形象好气质佳，掌握一手尖端技术。更重要的是，此人身怀绝技却不显山不露水，气质朴实无华……非常符合我们理工科"闷声赚大钱"的规律。

孙叔开车而来，把我爹和我从高铁站接到吃饭的地方。我爹一上车便想起了哈尔滨小赵叔交给他的任务，说："啊！对了，赵Q让我给你带……"

"带啥？吃的？"我也就是在后座坐着，如果我当时趴在挡风玻璃上肯定就能看见我孙叔那智慧的眼中射出激动的光芒。

"哦，"我爸这个著名的老不正经微微一笑，"带来诚挚的祝福。"

孙叔表示："我要那玩意儿干啥……"

不过很快，孙叔就反击了回来。

而且这次反击，彻底而果决。

对于我爹来说，简直就是足可以动摇三观的巨大打击。

他——竟然质疑我爹祖传的扒螃蟹手法！

当我和我爹面对螃蟹同时选择从腿开始吃的时候，孙叔开始暗暗运气；当我们掰下钳子的时候，孙叔开始将十二道经脉中的真气汇集丹田；当我们"嘎巴"一声把腿上的壳夹断时，显然！机会来了！我的孙叔，用这股丹田之气，发出了一声气震山河的冷笑……

"呵呵——"

已经把脸埋在盘子堆里的我轻而易举地躲过了攻击,但我爹却不幸被敌方抓获——"那个螃蟹,哼哼哼,一看你们就是山里来的……"孙叔接过我爹的武器——螃蟹,用大连人的手法扒了起来,"先这样,再这样,然后掰开……来来来张嘴我喂你一口!"

嗯?

啥?

我天!这都什么神走向?

那么很明显这个时候我抬头是不对的,但我怎能错过这样的画面?

……

大连有个著名的景点叫老虎滩。从另一个入口进去,能看见一些鸵鸟啥的。我老远地看着那只忧伤的鸵鸟在凭栏远望,心里似乎有些惆怅。我孙叔走在前面领路,他看了鸵鸟一眼,忽然走近:"来亲一口!"

鸵鸟说:"我吓坏了好吗?我的内心几乎是崩溃的!"

孙叔再走两步,轮到我爹,我爹说:"来亲一口!"

等轮到我走到鸵鸟旁边的时候,我不敢看它的眼睛……我的耳边响起一首悲伤的印度歌曲。

坐着缆车到对面,有类似于水上公园打枪的那么个东西。

我孙叔来了兴致:"这我行,我能打个熊。"

熊的玩具,对。

"我先调调枪。"一调,十发子弹没了……

"你这个怎么瞄不准?"再瞄,又是几发。

最后……我得到了一个小海螺!

《绅士的品格》里,崔润跟金道振说,道振君下辈子可以当我的恋人吗?哟哟道振君……

可能男人们少年时候的感情,积累到了四十多岁,都会变得像夫妻——嗯?

只是突然好想你

你要去远方,你选择了流浪。既然不能挽留,便将最美好的祝福送给你:世界这么大,应该去看看;世界这么大,记得要回家;走累了,就回来吧;知道你有不舍,但也知道你有梦;既然已经决定了,便放手去追吧。你说你要去的地方冰雪如画,希望在某个寒冬的早上,打开窗户的时候可以想起曾经的我们和我们的青春。你很喜欢《你不是真正的快乐》这首歌,那就祝福你有真正的快乐。不留遗憾,只为初心。

只是突然好想你

淳 一

第一次见你,是在高二刚开学的时候。

那时候重新分班,新的教室,新的同学,整个教室闹哄哄的,你一进来,教室里即刻就安静了。新班主任驾到!

你在黑板上写下自己的名字,我能听到下面好多同学和我一样都笑了。这哪是一个文艺男青年的名字,分明是小面包的名字嘛。

我已经记不清你笑没笑,只记得你转过身来,开始说话。

我看着你那略显年轻的面孔,想象着你的年龄。

第一节语文课,你领我们赏析了不同版本的小诗,《诗经》版的、唐诗版的、英语版的、现代版的;你还将当时最流行的网络用语搬下来,让我们对下一句。你说要给我们一个不一样的第一节课,然后就给了我对这一年语文课的幻想。

可是第二天一早你就给了我们一个下马威,你站在教室门口挡住只是迟到一两分钟的同学……然后那一次我跑了或许是人生中最长的一段路——四百米的操场,三十多个人跑了十圈。但我对你的行为不以为然,认为你只是年轻,冲动,好胜。尽管拼了命地工作,却不会成为最好的班主任。

不知道那时的你为何总是板着脸,一脸的严肃。但是后来的某节语文课,在比较起崔莺莺和朱丽叶的爱情,你让我们做出自己的选择时，我看到了你对感情豪放的一面。最喜欢听你讲苏轼，你在黑板上几乎画下整个北宋的地图来给我们罗列他走过的路和做过的事；喜欢听你讲诗词，仿佛江南的烟雨就在眼前；就连难读晦涩的《论语》你也能讲得生动有趣；元旦晚会上，一曲《死了都要爱》被你唱得荡气回肠；临近考试也不介意让我们看完整部的《指环王》，你说这样才会懂得真正的勇气……

在学校里或许我只被你感动哭过。

第一次是在某个早上。那天跑操的时候"大姨妈"突然来了，不知情的我在跑完后差点儿直接晕倒。

同学将我送到校医室后，我便让她们回去了。

可我回头的时候，惊讶地发现你从外面走进来。你问我是不是最近学习太刻苦了，我不好意思地半天才挤出"来例假了"几个字。

你毫不羞涩地说起了你媳妇来例假时的状况，告诉我应该怎样怎样，然后说一定要给我买点儿巧克力来补充能量。我连忙说不用不用。可犟不过你，你便去了。

回来的时候，你手里拿着两块巧克力，然后坐下来陪我唠嗑。那是我们第一次真正的谈话。说话时，我不知道是感动还是辛酸，在你说出"你是个要强的孩子"和"蛮拼的"的时候，我一直强忍的泪水流了下来。

你回到办公室为我取来纸巾，然后突然像想起什么似的又冲了回去，再回来的时候，手里端着冲好的红糖水。

我只是说着不用不用，我真的没事儿。你也只是笑笑，最后嘱托护士将你带来的牛奶热好送过来，便走了。我望着你的背影，第一次感到你的温暖。这也是后来我在全班为你准备的本子上写下"终于知道你是怎样追到师母的了，简直是贴心暖男"的原因。

本以为你会陪我们走完艰苦的高三岁月，和我们度过最美最累最好最拼的时光。没想到，你提前下车了。还记得那次班会，你在黑板上潇洒地写下班会主题"高三，放马过来吧"，你说："所有的老师都准备好了，你们有没有准备好？"那时谁都没有想到你的离别来得这么突然。

那个周四你像往常一样来到教室。你告诉我们你喝了酒，明天将是我们的最后一课。

我不相信。

那是我听到过的最悲伤的一节课。你说了很多很多话，我都记不起来了，只记得你聊人生聊哲学，你觉得你的一生不应该就这样过去，不想老死在这小地方，你说你想出去走走。

或许走走也好吧。

最后一课或许是大家听得最认真的一节语文课，我永远也忘不了。

那天晚上，在你的欢送会上，听着课代表读你和我们的故事，我看到了你眼角的泪水。你说你一直想唱那首在元旦晚会上没有唱的歌《突然好想你》。全班同学加上你，唱到我的眼泪掉下来。然后大家分蛋糕，在争抢和欢笑中或许有个快乐的结局，但这终究躲不过揪心的分别。

十点十分，整栋楼熄灯。

我和最后几个同学将你送到最后，有些话不说，或许永远会成为遗憾。将大家送你的礼物搬上车后，我终于鼓起勇气开了口："老师你真的要走吗？"

"假的啊，明天就又来了。"你开着玩笑。

"我真的舍不得你。"控制了一晚上的泪水再次落下。

"乖。不哭。"

"我真的喜欢你的语文课。"这句话不说，我会有遗憾。旁边有同学开玩笑说这是间接表白。你也扑哧一声笑出来："还喜欢呢，在我的课上都睡成啥样儿了啊？"

所有的话语都包含在最后的那一个拥抱中。至少我再也没有遗憾。

你要去远方，你选择了流浪。既然不能挽留，便将最美好的祝福送给你：世界这么大，应该去看看；世界这么大，记得要回家；走累了，就回来吧；知道你有不舍，但也知道你有梦；既然已经决定了，便放手去追吧。你说你要去的地方冰雪如画，希望在某个寒冬的早上，打开窗户的时候可以想起曾经的我们和我们的青春。你很喜欢《你不是真正的快乐》这首歌，那就祝福你有真正的快乐。不留遗憾，只为初心。

总会因为一首歌一句话而想起一个人一座城。

对于你的离去久久不能释怀的我最终还是静下了心来投入学习。毕竟无论是你的路还是我的路都需要自己去走。被你感动，也被你赋予力量。趁着年轻，还要拼一把。

让过去过去，让未来到来。

在深夜里听一首歌，只是突然好想你。

在我纠结了很久之后终于决定写下我们的曾经，我怕自己愚拙，写不好我们的故事，但又害怕这些记忆时间久了便会过期，于是动笔，纪念曾经。

写给一只蓝闺密

终有同归成殊途

不胖的蓝闺密Y：

 这个时候的我，从繁忙的学生会事务中、纷乱的社团招新中、断断续续的日语学习中，抽出一点儿时间来想你，想我们随着高中时代一起逝去的友谊。怎么样，是不是感动了啊？

 我只是从班级群里你偶尔冒的泡里，了解一下你的生活如何。那，你也应该是这样吧。就像你说的：早上八点二十的课，七点半到的时候教室前排就坐满了人。我们都只能用稀里糊涂的热情，来面对一无所知的前景。

 而这个在淅淅沥沥的雨中淡去的夏天，偕同它之前的那两年，好像都已经十分遥远了。我不再记得，也许从未记得过，和你初见的样子，甚至那些生动鲜明的回忆也在收拾行李，准备对我无声地say goodbye了。

 和你坐同桌之前，我对你的印象是一枚嫩嫩的学霸；知道你是学霸之前，不好意思了哦，我真的从未见过你呢。于是当我听说新班级里那个白白净净戴眼镜的男生就是传说中的千年老二时，我的心里是画满了大写加粗的问号的。

 你很有个性，或者说，有自己与众不同的习惯，当我看到你把两个杯子几个破旧的笔记本摆在空间十分有限的课桌上时，真的满脑子都在被刷屏：天呐！这不会又是一个严肃高冷的学霸吧！

事实证明，你虽然比我高，但绝对不冷。你在早自习读席慕蓉的诗，你在下课时哼我闻所未闻的《桃花源》，你和你的好兄弟一唱起来就是响彻教室的节奏，你和我一样在上课时小声吐槽。相视而笑很多次后，我觉得，这大概就是可以做朋友的人了。

我问你："两个杯子……嗯？"

你说："这个装咖啡，那个装茶。"

我："还喝茶啊，好会过日子的样子。"

你嘿嘿一笑："就是用来装枕头的那种茶叶，五块一斤，你要吗？"

"……"我是拒绝的。

我们无话不谈，是的，无话不谈，好像一下子就到了那种境界。好像就是相信，这个人，绝对不会把我说的话讲出去；就是知道，这个人，可以理解我说的或者至少是聆听；就是觉得，我get到的这个笑点，这个人也一定能笑出来。

到了什么地步呢？两个学霸，上早自习时不会和对方说话，因为害怕一旦说起来就会停不下来。

我们是要好好学习天天向上的啊！

虽然我知道你一定觉得在数理化方面我还是很low的，因为你从没有找我讨论过这些。不过好歹还有英语为我挽回颜面，我们答案不同时你会摆出一副苦瓜脸。

只有这样么？好像还不够吧。那好吧，我得告诉你，不管你有没有发现，你是唯一一个不和我坐同桌了还会跟我说很多话的人。

高中生活就是这个样子。不会刻意地要和谁做好朋友，关系亲密度取决于两人之间的距离，做同桌时谈笑风生分开后再无多言，大家的目标明确地指向985、211，谁还会去花那么多时间用在维持人际关系上呢？

而你不同。

我还是偶尔会跨越整个班去找你说话聊天，会在借卷子、要答案的时候想到你，会在上课遇到槽点时转头和你一起笑，会把你真正当作朋友，想到就能去拍拍肩膀，说我此刻想说的任何事。

这样的关系持续到高三的一模前，当然啦，这不是一个悲伤的转折，虽然这个转折的起因确实显得我有点凄凉的样子。

一模排名出来以后呢，我天天放学一起走的好朋友，因为考砸了，所以有一天放学的时候，我突然发现她不等我了。

连续几天后，我习惯了。

我用看过的书、听过的故事、见过的人情世态支持我的三观：换位思考，如果我天天和一个学霸走在一起，听她讲她们班的事情，也许也会不愿意的吧。

于是我开始了边思考人生边回家的自得其乐的生活。关于思考人生，你的基友说，这是不对的。他的评价是：你那就是发呆好不好！面瘫可怎么治！

谁面瘫！小哥才面瘫！

如此这般的日子居然并没有如我所想持续到高中毕业。一天下午放学，我收拾好书包，正走到教室门口时，你和你的好兄弟也正好在那里。于是我们顺理成章地说着笑着一起走，出了校门，你的基友撤退，而我们就聊着扯着回了家。

是的，我们住同一栋楼、不同的单元，都是为了一个好的成绩而租学区房，而我们居然还能把上学五分钟的路程拖到放学半小时后才到家。

你没有问过我为什么突然就成了一只面瘫的单身犬，只是自然地把学校里我们不能侃大山的机会，在放学路上又重新找了回来。

我每天回家几乎都要跟我妈感慨：和男孩子真是太好相处了。

那段时间我们的友谊水涨船高，两个学霸的相处，写不出来什么少女漫的桥段，都是正经且欢乐的。

比如一次周六的早上，我们考完数学、睡了一节语文试卷讲评、又考完英语之后，嘚儿嘚儿地组队回家，脸上洋溢着节日般的喜悦。

你说："数学题真的好简单啊，我都不知道说什么了。"

我乐滋滋地回答："对啊对啊，大部分都是一轮资料上的原题啊！"

你抱胸："所以我还多答了一道选作，你说我要是得个160怎么办呢？"

我："……可以去死了，地球不需要你。"

然而那天下午，数学老师占用放学时间发完试卷之后，你惆怅地蹭到了我座位旁边："怎么样啊？"

我翻个白眼："发卷子的时候没听到吗？"

"我那时候沉浸在要得160的喜悦中了嘛。"

我好奇："那她真的给了你160？"

"……不，我138。"

"哈哈哈哈这数字多符合你的气质！"

"走开！那你多少？"

"140哟。"

"更远一点，不想看到你。"

多行不义必自毙，让你嘚瑟吧。这是我记得的为数不多数学成绩超过了你的考试，现在想起来还是有些小激动呢。

从那个下午我就想到了，你说，如果不是很熟悉，一个装淡定已然成习惯的学霸怎么会在另一个面前嘚瑟得如此人神共愤呢？

时间打马而过，快到高考了。那个周二我又一气呵成了起床洗漱，冲下五楼后在单元楼门口急刹车，与重重的雨帘相看傻眼。

正在考虑要不要牺牲练习册为我遮雨，就猛然间看到了撑着老式黑伞悠悠走过的你。

我赶快大喊一声，看到你抖了一下转过身来后，连忙堆出一个"哈哈我遇到了一个意外你可不能视而不见"的笑容。

然后我得意地享受免费遮雨服务时，错过了众多值周生的眼光、校值班领导的审视以及围观群众的问号脸。

对哦，人生第一次和非亲人的男生一起用伞哎！好想捶胸顿足。

不过想想，以我这个颜值，估计除了你这种闺密般的生物是召唤不到偶像剧的男主演少年来拯救了。

长大的过程，就是你认清了一个个的现实。

而你和我一起论证，不是男生和女生天天一起回家、聊八卦、讨论数理化就能成为一部青春偶像剧，也就是男子女子高中生的日常而已。

简单又美好，只是因为认识了这样的人，有了这样一段旅程，终将离开，终将平淡。

买雪糕的时候有一个人在等，收拾东西时也有一个人在等，攒了一天的吐槽和脑洞也有一个人在等，想说什么又表达不出来的时候也有一个人在等。

怎么说得你这么暖的样子啊，我表示不爽。

毕业那天，我们并没有太多的交集。我眼疾手快地拦住你和你路过的朋友，我们三个来了一张合影。还有什么吗？没有了吧。

没有结局的故事，才让人有了期待和想象。

后来，我回了老家，你留在我们高中所在的城市。录取结果出来了，我们一西一东。高中看了三年的光荣榜上换上了我们的照片和名字，你去看了，拍下来发在班群里，我点开你的语音。

"小学妹们都围在××你的照片那儿说这个好，我这么一大活人她们都看不到。"

"你不会说学长请客诱惑她们到小卖部啊。"

"我饭卡里哪儿还有钱啊。"

你说，真不知道这照片按什么顺序排的。我淡定地没有回复。是啊，真不知道怎么想的，你第一我第二，竟然横竖都没有列在一起。

偌大一个群，我们旁若无人地聊了很久，无人插话。

再想想关系好到了什么程度呢？就是那天丫丫过来对你说："哎

我今天中午看到你和一个女生回家了。"然后嫌弃地看了一旁的我一眼:"结果发现是这家伙,没劲。"

我们都嘿嘿嘿嘿地傻笑,笑容留在了不大的毕业照上。

所以我又要去忙宣传部的海报,又要去查辩论队的资料,又要为主持人比赛准备。又要把你,放在某个不知名的角落里,敲下这篇文章以后,抬眼又是全新的生活。

只是希望你,以后不管在哪里,还是过得很开心。多年以后容颜全改,气度谈吐却还能让我认得出是你。

不愿透露真实身份的塞博坦星人

想你的365天

姜山秀

春节前我们一家驱车去看望一位八十八岁的老人——我的曾祖母，我叫她老奶奶。

车在泥泞的乡路上下颠簸着。听我奶奶说，老人每天都走这条路，一个人走过来看看他们，再一个人走回去。

奶奶说的竟是真的，我们在半路上正好遇见她一步一步走来。知道我们今天回来，她等不及了，就走着来看我们。大红色帽子、黄色围巾，中间是孩子一般的笑容，她用干枯得像老树枝一般的手拉着我的手，前前后后地打量着我，喜得合不拢嘴。她说："这么高了！怎么都长这么高了？"的确，现在我已比老人高出近两头了。

走进那个有些破旧的院子，还是那低矮的平房，老奶奶在每个门上都用细竹竿钉上了崭新的对联，贴上了大福字。她给我展示她孙女给她买的天天戴着的帽子和围巾："别看我年纪大了，就是爱个鲜亮颜色。"摘下帽子来，老人开始梳起头来，认认真真地把飘起来的头发用发卡卡好："要是我的头发再黑点儿就好了，太白了。"

几番对话，我发现老奶奶的耳朵基本上聋了。她自顾自地说下去："我听不见了，大伙儿就老冲我吼。"老奶奶讲话唠唠叨叨的，一会儿就没几个人听了，几个人甚至另外凑在一块儿聊起来。老人悄悄地问我："他们说的啥啊？"

不管他们怎么样，老人就是不放过我，拉着我给我讲了一堆神仙名字，后来我才想起来，老人是信佛的。她告诉我一年里她什么时候烧香，什么时候上供，什么时候要拜谁，春节期间她怎么磕头。"佛爷爷保佑我们，你看，保得我们一大家子都好好的。"老人的眼睛清澈明亮，流露出欣慰和感激的神情。说罢，她一个人跑到佛像前，闭着眼，小声念叨着："我的山秀可回来啦，长得那么高，孩子在一年里顺顺利利的，我替她谢谢佛爷爷！"然后，又求佛爷爷保这个保那个，也不管人们在一边偷乐。我发现到最后，满屋子的人都让佛爷爷保到了，就是没有保她自己。

完事了，她更高兴了，不停地说我们这一大家子多么多么有福。她跟我说："你们这一辈儿，一家就生一个，还是少。村头上跟你一样大的丫头，有个弟弟，还有个妹妹都那么高了。"我明白了，老人年纪一大，子孙满堂便是她最大的骄傲，生前能抱上更多的孩子便是她最大的心愿。"我得继续活，我还盼着第五辈嘞！"

老人说："我小时候最烦种地，老想着去念书，结果种了一辈子地。谁知道现在我闲不下来了，一有农活我就干，他们不让我干我也干。谁叫你老奶奶没本事，只会种地呢？我一看你就亲，刚才又瞎唠叨了一通，让你心烦。你不用在这听啦，快写作业去吧。记着啊，写作业，长本事，长的本事都是自己的，谁也抢不走！"

我回了屋，可心里是说不清的黯然。

窗外场院的角落，老奶奶弯着腰往嘴里灌着几毛钱一包的茶叶泡的粗茶水，想赶紧止住她的咳嗽，别让大家听见。怎么能听见呢？有厚棉帘隔着的屋内，人们正举杯同庆，欢声笑语，热闹非凡。

老奶奶咳完了，寒风中她裹着棉袄，小心翼翼地把手绢包起来，擦干刚才流下的鼻涕和眼泪，然后，转身，一步一步走回屋里，像是什么事都没发生一样。她笑容满面地坐下，接着说。

人们笑，她也笑；人们说，她也说。可是话题差得很远。

我忽然间意识到，老人的世界是没有声音的。

人们说什么她都听不见，身在一个喧闹的环境里，可心却是孤单的吧？在这么多人中间，却没有一个在听她说话的人，她很多情感都没法表达吧？既然如此，为什么要表演出自己在满心欢喜着的模样？

我听着亲戚朋友七嘴八舌地说着老奶奶，说她不怕冷、不怕凉、胃口好，气管不好，就把一个小梨削好放在床头，半夜起来吃了，就又喘得上气来了。

我的脑海里出现了一幅画面：黑暗中，老奶奶在炕头上咳得难受，支撑着爬起来，咬一口梨子，一下子，全身都凉了。借着清凉，老奶奶似乎觉得呼吸通畅了些，困意也没有了，一个人挨到天亮。

人们永远不会知道这些，在人们眼里老人精神头儿好得很。

老奶奶大概是知道我看见她咳嗽了，跟我说："我今天话多，不然也不会咳嗽。可我就是想说，现在还没说够呢。我的大（重）孙女，我一年才能看见一回啊。你看，一年365天呢，才见一回啊。"老奶奶说着说着，竟哭了起来，委屈得像个小孩儿。

我看着一旁流泪的老人，不知该说些什么了。一年365天，我有几天是在牵挂着她呢？谁能想到，每一天都承载着她对我的思念。我去看望她，老奶奶是把这一天当作一年之中最重要的一天啊，她盘算了一年的话要跟我说呢。我忽然懂得了老人今天穿衣打扮，把庭院打扫得干干净净是为了什么。

"我今天高兴，不知道怎么好了。你可别挂着我，我身子好着呢，等你长大成人、考大学……"

我回家了，新的一年开始了，我又会投入到繁重的学习中，也许不久老人又会被我淡忘。但老人将会一如既往开始新一年的守望。她会锻炼身体，保持健康，让子女们省心。她会接着拜佛，日日夜夜为我祈祷，让我"好好的"。

365天，每一天她都会数着日子吧——什么时候才能看到她的大（重）孙女，因为，她到那天一定要说一声："我好想你啊。我很好，你可别挂着我啊。"

我想起了我给老奶奶唱的那首歌："怀里，有你紧拥的温度；眼里，有你微笑和痛苦；心里，有你说过的故事；梦里，你在回家的路……"

这个夏天还没有过完

殊 逢

夏日的某个晚上，我跟老妈说，其实我一点儿也不想结束高中生活。

她看到我认真的眼神，没有再次说我很奇怪。

可我就是纠结加郁闷啊。我才刚刚开始和学霸哥们儿组团上下学，在空荡荡的考场里脸红脖子粗地争论答案；我才刚刚喜欢上拿红笔在试卷上改错的感觉；我才刚刚拥有在题目上涂涂画画找到思路的成就感。可是眼看着，不到一个月的时间就要毕业了。

去年，我们刚搬进高三的教室，挂上倒计时牌，上面写着"距高考276天"。班主任站在倒计时牌下面，双手撑着讲台说："别看天数好像挺多的，一眨眼就过去。"我们愁眉苦脸地面对印有刚出炉的高考真题的报纸，一个个不以为然。

我怀着一份虔诚之心做完了人生中第一份和我亲密接触的高考题，说真的，就跟小孩子第一次拿到智能机一样，总觉得这一定有什么天机，高深莫测，非我凡人所能沾染。

对完答案，居然有五百二十几分，去年的一本线是四百七十五。相互打听之后我们互相吹捧：啊，明年你一定考清华北大，一看就是人才。

然后，一眨眼，就是现在。每天早上做着懒洋洋的操，每周四跑一次喘个半死的步,每个阳光开始洒进来的下午,我们睡觉、聊天、吃零食、听广播——当然,花在学习上的时间依旧是这些的十倍。

跑步时,我们班作为一班,永远排头,整整齐齐,脚下生风。往往装淡定地跑了几圈后,一抬头,前方的十班文科班也就剩下不到十个人。

我属于一有机会就请假的人。那天,算算"好朋友"也快来了,就带着一肚子的做贼心虚和一脸的无辜真诚,去跟体育委员请假,说我走走就行。高高大大的男生,还没等我说原因,就可疑地脸红着答应了,摆摆手让我赶紧去。

一边慢悠悠地晃荡着,一边听我们班响彻云霄的口号声,觉得无比享受,妈妈再也不用担心我汗湿的衣服了。此时,一边的体育老师大喊着给开始放慢步伐的同学们鼓气:"好好跑!这是最后一次了!"

啊,哦——原地愣住的我,被一旁一同请假的女生又拉着向前走去——不对啊,我怎么会感觉自己亏了呢?

当很多平常的事,被突然贴上"最后一次"的标签,你才会从心里溢出的难过和眼角微微的湿意里,体会到不舍和无可奈何。

虽然我也知道的,时间拖着我们的人生只有向前走一条路。

而我们能留下的,只是一个夏天——一个记忆中的夏天。

那么疲惫。被班主任称为"睡神"的男孩儿女孩儿,睡在电扇下流汗打喷嚏的胖子,渐渐空了的六十条装雀巢咖啡,总被选中用来补眠的语文英语课。即使是严厉的数学老师,有好几次,看到我努力睁眼又睁不开的样子,也什么都没有说。

那么枯燥。5月的校园莺歌燕舞,生气勃勃,艺术节、排球赛都与我们无关。热闹是他们的,我们倒也不是一无所有,倒计时30天的时候,班长沉痛地告诉我们,又来了九十张卷子。在遥远的足球场人声鼎沸的时候,我们做着语文试卷,努力分辨出隐隐约约传来的钢琴声——The Summer。

那么忐忑。自主招生,过了的,没过的,几家欢喜几家愁。模拟考试，名次升升降降，年级第一和年级第一百一十坐在同一个教室里，各自的心情，谁又说得准？担心临考时紧张，担心条形码贴歪，担心涂卡出错，担心答案的意思是对的但是老师不给分，我们知道这些担心没有用，但还是止不住地去想。

我发现我好像一个好一点儿的形容词都没有，也许我真的不喜欢这样的夏天，可是，不想离开的心情，一点儿都不假。

只要想到再也不会遇到一群淳朴友好、简单明了的同学，再也不会遇到几位认真负责、幽默可爱的老师，再也不会遇到朝阳落日下认真执勤的保安大叔，就足够让我难过。

清晰地记得，和大家一起讨论题目时，很想把那一刻记下来；和大家一起打排球时，很想把那一刻记下来；和大家一起打闹说笑时，很想把那一刻记下来。可我现在只记得这种"想记下、想留住"的心情，却无法把画面清晰到每个人的脸上、手上。好像教会了我之后，他们就隐没了。

一群理科生，相聚在2014年的夏天。从试探性的"你好""早听说过你""我们高一时见过"到一起看着黑板冥思苦想，还是不会自己分析一段段运动状态，到笑着一起吃雪糕，举办最后一次欢乐又难过的联欢会……两年的时间，好像就这么流水般地淌过了。

我们最终还是没有完成"学生时代谈恋爱"的壮志，没有进行"参加偶像演唱会"的壮举，没有逃课没有打架，连在厕所抽烟都没有。真实的生活比所有无法亲身经历的电影小说电视剧更加乏味，更加无奈，可它也让我们笑得更疯癫快乐，哭得更伤心不舍。

2016届高三一班的同学，成分复杂，来自省内各个地区，不同的口音，不同的习惯，还有各自喜爱的不同的特色小吃，注定了我们结束得兵荒马乱。

住宿的，忙着卷铺盖；租房的，忙着搬家当；清闲的，发现没人陪自己伤感。我们顶多在校门口卖废品的地方相遇，把大包的书交给工作人员称斤两，然后各自收款，微笑过后，匆匆离开。

曲终人散，各奔前程。

这个夏天，还没过完，可也只能这样了吧。

愿我们再相见时，还能一眼就认出那张不变的笑脸。

愿你长乐未央安然无恙

苏 意

我是没有想到会在一中遇见段思成的。他穿松垮的白T恤,挽脚裤搭配得刚刚好,手里拿着一瓶矿泉水,不动声色的眼神此刻有些慌乱。

我站在他的面前,因为跑步的缘故,刘海湿哒哒地黏在额头上,我拼命想要挤出一抹笑,却发现嘴角僵得要命。

我们两两对望,默不作声。

不知道从哪里蹿出来一个女孩子,亲密地拍了拍他的肩膀,两眼弯弯:"阿成!"

我明显看到段思成呆了一下,然后很快恢复镇定:"嗯。"

"她是?也是今天来考试的吗?"女孩儿上下打量我,我从她的眼睛里读出了危机意识。

"同学,请问领矿泉水的地方在哪里?"我抢在段思成开口之前说。

"啊?在那栋楼的食堂。"她呆了一下,指了指方向,接着笑了笑,"是体育考试的吧?加油哦!"

我点头示意,没有看段思成。连我都会喜欢的女孩子,他怎会不喜欢呢?

比起两年前,段思成长高了许多,脸部轮廓也渐渐显山露水。可是不管他变化多大,我也依然可以在千万个人中抓住他,然后告诉他:

嗨，段思成，你过得好吗？我很想念你。

只是在这之前，我以为，我们这一辈子也不会再遇见了。

晨光熹微，段思成站在那棵粗壮的枇杷树上，用小石子扔我房间的窗户，恶狠狠地喊："钟敏，你再不起床我就走了！"

这一招他屡试不爽，我总会匆匆忙忙背上书包下楼，跳上他的自行车后座，手里拿着一只包子，哼哧哼哧："快走快走，要迟到了！"

"下次再这样看我等不等你！"他瞪我，却拿我没有办法。

5月初夏的清晨，风轻轻吹过，海桐树落了一地的小白花。

春天破了茧，仲夏不成眠。

段思成生得好看，我与他站在一起简直是自取其辱。

所以我和段思成在一起的时候，总有许多女生来找碴儿，指着我让他说我到底有什么好。我在一边抱着手洋洋得意，想等他滔滔不绝地夸奖我，谁知这厮低头思考了半天，吐出一句："抱歉，真没什么优点。"

我操起一本书就往他身上砸。

傍晚时分，霞光漫天，知了趴在树上叫个不停。

我远远地坐在篮球场的看台上，将作业本放在膝盖上，演算着一个又一个题目。累了就抬起头看一眼篮球场上挥汗如雨的段思成，三威胁，交叉步，跳投，扣篮，帅气得一塌糊涂。偶尔他感受到我的视线，会扭过头来冲我得意地笑，比一个"V"字。

闺密问我："你为什么不去质问他？"

我只轻轻地回答："现在不好吗，其实已经皆大欢喜了。"

就像我很喜欢的一条裙子，因为太喜欢，想尽办法也要得到，得到以后却发现我其实没那么喜欢呢。

段思成，他代表的只是那一段岁月——美好的、快乐的、甜蜜的、过去的岁月。

依然是黄金夕阳，我远远地坐在篮球场的看台上，却没有人扭过头来对我比一个"V"字。但我的心很平静,我想这就是他们说的放下和释然吧……

还好遇见你

黄韫秀

1. 万凌

作为一个初中女生,我实在不想被那么多人封为女神,唉,谁让我有一张精致的脸蛋和一双又长又白又细的腿呢。

总是站在我旁边的这个女孩儿叫之秋,个子不高,皮肤不白,五官倒还算端正。其实,我蛮想做她这样的人的,平凡不惹眼,也不会遭人嫉妒骚扰,日子清闲着呢。直到有一天,我才发现我错了。故事,从这里开始——

这天我们正走在食堂里,迎面走来一个男生,长得溜圆不说,脸还特别丑,眼睛眯成一条极细的缝,嘴唇厚得惊人。听见有人叫他"于东山",我不禁皱紧了眉:这就是那个土豪的孩子?果然很丑。只是,不知道是谁放出了传言,说他于东山喜欢我万凌——不过是喜欢女神罢了,多正常的事儿,真不知为何会如此疯传。

那男生果然很快将目光移到了我们这边,只是眼睛太小实在看不清是什么眼神,不过很快便又转回头去,脸颊竟还起了点点绯红。我正打算装作没看见地经过,谁料身旁之秋先打了个响亮的招呼:"嗨!"

于东山咧开嘴露出一口雪亮的牙,嘿嘿傻笑起来。

"不是吧，你和暴发户的孩子关系这么要好？"我满脸嫌弃地说。之秋一脸认真地说："于东山不是暴发户的孩子。"我还以为她会说没那么要好呢，问道："那怎么会取'东山'这么土俗的名字？"之秋仍然一脸认真，眼睛却亮了亮，有些兴奋地说："这个名字是有典故的：月出于东山之上。你看，于东山。"

　　之秋的眼睛又亮了亮："怎么样？是不是瞬间觉得很有文化？这叫深藏不露。别看他长成那样，其实很有内涵的……"

　　这这这，是收买闺密的节奏啊。

　　我伸手捏了捏之秋软绵绵的小脸蛋儿，笑道："你最有内涵了！亲爱的，你把我卖了几个钱啊？"之秋一愣，许久才反应过来，气呼呼地追着我打。

2. 御风

　　我是御风。这是个有内涵的名字，因为我爸姓冯，所以我就叫"浩浩乎如冯虚御风"的冯御风。但是，老爸啊，那个字念"凭"，不念"缝"。为此，我被同学耻笑千年。

　　初中时遇到了一个叫于东山的家伙，得知我的名字之后非常高兴，说我们有缘分，名字是同一出处。我把《赤壁赋》在脑中过了一遍，终于忍不住问他："你的名字在哪儿啊？"他十分兴奋地叨叨道："'月出于东山之上'的于东山，怎么样，是不是有这么一句。"我无语，真不是长大后读了书才发现这个巧合的？

　　这天他神秘兮兮地告诉我，他喜欢上一个女孩儿，叫之秋。是"壬戌之秋"的之秋，这就是缘分！我说你有病吧，这什么奇怪的逻辑，纯属巧合好不好。

　　于东山坏坏地笑了笑，满脸的肉皱成一堆，说："走走走，哥带你去看我女神。"我们埋伏在去食堂的路上，于东山十分兴奋地指着远处走来的一对女孩儿狂叫："看看，看看，就是那个女孩儿，就是她！"

我顺着他指的方向看去，那里有一个高挑美艳的女孩儿，皮肤白皙，头发黑亮，特别是牛仔短裤下的一双美腿，又长又白又细，闪瞎人眼。我正准备"嗷"地怪叫一声，于东山抓紧了我的手臂，抑制不住激动地说："看！那个黑格子衬衣的女孩儿，她就是之秋！"

呃——黑格子衬衣的是长腿美女旁边的女孩儿，看上去好瘦，不过笑起来还是蛮好看的。

"这种女孩儿会怎样应对突然出现的丑男追求者？估计理都不会理吧。"我如是说。于东山轻蔑地瞥了我一眼，似乎在说"你怎么这么蠢"，然后勾起了嘴角："谁说我要追她了？"

第二天，满大街都在传于东山喜欢万凌。万凌，是那个长腿美女，不是之秋。

难道说，我们的偷看行为被发现并曲解了？要是传到之秋耳朵里可就糟糕了，于东山这家伙肯定正为此懊恼忧伤吧。

谁知再看见于东山，他却告诉我说那消息是他自己放出的。我说："你蠢啊，之秋听到会怎么想你？"于东山嘿嘿一笑，说这样子会显得自然一点儿。

我揉了揉太阳穴，瞪着这个不让人省心的家伙。

3. 万凌

最近分了班，我和之秋分开了，不过我们仍是很好的朋友。那个叫于东山的男生和他的叫冯御风的小跟班和之秋分到了一个班，据说这冯御风还是个学霸，这下之秋可有对手了。

这个于东山不会对我将来的生活产生任何影响——我如此断言。事实证明也确实没什么影响。

不过，只是对我而已。

4. 御风

有些事让我难以接受——于东山这家伙不抄我作业了！可他仍然从未被老师骂过，这什么节奏，他决定自己写作业了吗？太阳要从西边出来了！

直到有一天座位微调我坐到了他的旁边，才发现了真相。

晚自习。于东山无比自然地碰了碰坐在前面的之秋，之秋无比自然地转过来，一抬下巴，伸出一只手。于东山嘿嘿地笑了，原本就小的眼睛更是看不见了，然后他翘着一边眉毛压低声音："猜猜今天是什么？"

那个叫之秋的女孩儿似乎竭力想保持酷酷的表情，可惜牵起的嘴角暴露了她的心，还顺便带弯了眼睛，一双双眼皮的大眼睛弯起来十分可爱。

"唔，是什么呢？上次已经送了EXO周边手链，让我想想，我还告诉过你什么我喜欢的东西……兔子？比萨？不过要是真把比萨做成链子的话倒也挺有趣的……"之秋一只手托着下巴做出思考的样子，一脸严肃认真。

"锵锵——"于东山嗲声嗲气一声叫，掏出一条黑绳子的链子来，那是一个埃菲尔铁塔的挂坠，漆成带点儿金黄的古铜色，既古朴又时尚，是条蛮纠结的链子。"哇，好棒！"之秋开心地笑起来，接过链子把玩着。

这会儿于东山这家伙肯定是心里乐开了花，但他仍然故作正经地干咳两声，然后一脸得意地伸出一只手。之秋嘟起嘴，抽出作业本放到于东山桌上，豪气万丈地说："喏，抄吧，小心点儿。"

真相大白！原来这家伙不是不抄作业，而是抄别人的作业。

此刻我有一种好不容易养大的儿子被别人拐走了的错觉，不对，也不能说是错觉，就是被拐走了。

下课铃响，之秋开开心心地找她闺密玩去了，我鄙夷地说："还锵锵呢，于东山你可以呀。"于东山抄着作业，一本正经地抬起头来："锵锵是之秋的用语，意为惊喜来了。"

"一天一条啊，看着不贵呢。"我继续说着，竟在话语中捕捉到一丝淡淡的醋味。于东山照样一本正经："贵了她能要吗？再说也不是每天都有。"

于东山这小子的日子过得挺欢快，每天和他的女神斗斗嘴、聊聊天，扯七扯八，还动不动来个"锵锵"，我都快看不下去了。为什么看不下去？因为这家伙不可能和之秋在一起的。之秋是谁呀，班级第一的人物；他谁呀，倒数第一的角色。

这于东山一个人在那里傻呵呵地笑，我咽了咽口水，硬是把想说的话咽了回去。

5. 万凌

之秋在把玩一条EXO的周边手链，这已经是本月第五条新链子了。我问她谁送的，她只说是个男生送的。

我说人家那不明摆着对你有意思么，她说才不会呢，再说那个男生长得可丑了，而且学习也不好。学习不好？那就好，高中自然就甩掉了。她一愣，可怜巴巴地眨巴着眼睛："那高中是不是没有免费链子可以拿了？"我忍不住捏了一下她的脸，说："咱们之秋多可爱的人啊，你要链子姐姐给你买。"

就是，咱之秋那么可爱，搞不好会让那个男生去整个容再认真学习力争考上和之秋同一所大学呢！整个容是大前提，不然我家之秋是绝对看不上的，最多……只能当哥们儿吧！

6. 御风

于东山这家伙抄作业被抓了个现行，尽管他死死捂住被抄的作业本，老师还是一眼认出那清秀的字就是之秋的了，之秋这样的女孩儿哪会撒谎，三下两下就全都招了。

两人一起做俯卧撑，于东山一直歉疚地用眼睛瞄着之秋，生怕她从此再不理他了。

之秋倒是淡定，做完二十个俯卧撑，喘着粗气瞥了于东山一眼，然后拍了拍小胸脯依旧豪气万丈地说："没事，以后，我还给你抄！"

此刻于东山的心情大概可以用"荡漾"来形容，而我也几乎泪流满面了：呜呜呜，这个笨拙的家伙，换来这样一句话也是十分不容易的啊。

第二天，于东山神秘兮兮地掏出一根链子给我看，我一看吓了一跳：链子上串着一枚戒指！"你……打算表白啊？"我迟疑着问。

"才不呢，"于东山又斜了我一眼，"表白多俗气，要让她自己懂得我的心意，然后就会感动得热泪盈眶。"

于东山一脸兴奋，拿眼镜布把那链子里三层外三层包了起来："哎，你说，之秋收到这个会是什么反应？""唔，大概会很高兴的吧。"我敷衍地回答道。

庄严神圣的时刻到了，之秋如往常一样伸出一只手。于东山咽了口口水，有些颤抖地取出链子，放在之秋的手上。之秋看了一眼，一如往常，开心地笑了起来，说："哇，好棒。"然后把作业本放在于东山的桌上，又转过身去。

于东山就这样愣愣地盯着之秋的后脑勺。我默默地把手放在他的肩上，推过一张小纸条："你看，她不是很高兴嘛。"一会儿，于东山把纸条推了回来："是很高兴，可和平时一点儿差别也没有。你说她到底知不知道我的意思啊？"

知不知道又有什么意思呢？我几次提笔，几次叹气，终于狠下心写下："反正她也明白，高中后你们自然不会再有联系了。"

于东山看着那张纸条，愣了好久好久。

7. 万凌

日子极正常地过着，最近一次考试的成绩贴在公告栏上，之秋还是第一，冯御风还是第二，我嘛……我用指尖点着名单向下滑，一个名字映入眼帘：于东山？他脱离倒数第一了？

这天，我和之秋在食堂里走着，她突然很兴奋地拽了拽我的袖子，指着不远处走过的一个男生："你看，你看，那个于东山，他减肥了，瞬间帅多了有没有？"

怎么又听到了这个名字。我不耐烦地朝之秋指的方向看了一眼，那果然是于东山，许久没注意，他瘦了不少，尖下巴都瘦出来了，可惜小眼睛还是看不见。我低头对上了之秋闪亮亮的大眼睛，叹气道："嗯，瘦了。"

之秋想要的话大概是"帅了"，可没办法，于东山再瘦也只能算"端正"，算不得"帅"。

8. 御风

于东山这家伙疯了。不仅疯狂学习还疯狂锻炼，生生瘦成了个尖下巴。你说他要疯自己疯呗，偏偏还要拉上我，逼得我一遍一遍给他解释各种奇怪的题目。

"看见没，这个是桥。拱桥，然后有一个小木块浮在水面上，水位上升，小木块向上移动——"我用本子和橡皮一遍遍演示这个题目，旁边的同学已经笑得不想再笑了，于东山仍然一脸纯真无邪："等等——拱桥怎么会移动呢？"我怒吼："不是拱桥在动，是小球在动。对小球来说，拱桥在动。相对运动！相对运动有没有学过啊你！我……去……"

于东山锲而不舍地摇晃着趴在桌上的我："哎，别啊，再给我讲一遍嘛，我还没懂呢。"我无力地拨开他的手，头也不抬地说："你干吗不直接找之秋给你讲去，多浪漫啊？"

不用看就知道，于东山又是那种不屑的神情："你真是书呆子啊，当然要一鸣惊人了，这样她才会惊觉我是多么多么的努力。"

于东山又来拽我，我无力地垂下了手："不行不行，脑细胞死了大半了，更悲哀的是它们不是被难死的，是被急死的。你别逼我，再逼我我死给你看。"于东山沉思片刻，无比欢快地接道："那我们去跑步吧，劳逸结合嘛。"

于是乎，我坐在操场旁边的长椅上，看着于东山一圈一圈地跑着。太阳快落山了，今天的晚霞是金色的，把少年的影子拉得很长很长。于东山瘦了，是健康地瘦了。

我有点感谢之秋，是她让这个少年学会上进。年少时懵懂的感情竟能生出这许多许多，我望着塑胶跑道上那个缓缓移动的身影，有点想叹气，却找不到叹气的理由。

9. 万凌

中考结束了，我和之秋如愿考上市第一中学。

要说中考成绩出来时，让我最震惊的，应当是那个曾经的土肥墩于东山了吧，他竟摆脱倒数考进了市第二中学。可即使如此，他还是一副闷闷不乐的样子，真搞不懂他在想什么。

之秋把所有收到的链子放进盒子里，还送了我一条，说因为反正她有很多。我猜这个大概是她自己买的，借口送给我的吧？因为那上面的挂坠是我喜欢的，而不是她喜欢的。

反正无论如何，我都会好好保存，毕竟这是之秋送的啊。

10．御风

于东山没有考上一中，他独自一个人消失了很久。

等他再出现的时候，已经又是一张傻呵呵的笑脸了。他捶了一下我的肩膀，说："兄弟，以后你给我盯着之秋啊，别让别的男人把她拐走了。"

于是此刻我就坐在之秋的后面，听她和新认识的女孩儿谈天。"哇，你这个铅笔盒上的链子好漂亮。""漂亮吧，是一个男生送我的，他还送了我好多呢！"之秋一脸得意。

女孩儿用一种"不用说我懂"的眼神看着之秋，之秋轻轻推了一下她的肩膀，嗔怪道："哎呀，想什么呢你？那个男生长得可丑了。""可是你漂亮啊。"女孩儿笑眯眯地回答。

之秋嘟起嘴，轻声说："别乱想，他已经有喜欢的人了。"

他已经有喜欢的人了。

我突然很想骂于东山，但他不在这里，我也就失去了骂人的力气。

但是，之秋望着那条链子的眼神，是那样温柔、坚定和快乐，对于她来说，不管是不是爱，于东山都是记忆中重要的人吧。还好，是之秋这样的女孩儿——还好于东山这小子喜欢的是之秋，他才能够真正意义上地成长起来，变得优秀。

谢谢你啊，之秋。因为，最能够改变一个人的，就是年少的喜欢。还好，他遇见了你。

山上花开遍，多希望你在

超人先森

11月的广州渐渐入秋，是晨起时侵袭身体的寒意不小心走漏的风声。尽管白天还是热得汗流浃背，但晚上走在校道上会感觉到凉意，风钻进我单薄的衬衫里，带走胸膛里残余的温度，留下些凌乱的念想。

一年多不见，不知道你在青岛过得好不好，那里的风是不是更凉，下晚自习时还有没有一个男生像我那样走在你的身后，手里揣着刚脱下的衬衫犹豫着要不要为你披上。

你的生活我无法猜测，但我唯一能确定的是那个男生不再是我。

你难过时喜欢看星星，你说星星是你寄放在夜空里的钻石。有星星的夜晚你的眼角会带着笑意，数着数着总是会不小心睡着。

我还记得市一模考完的那天晚上，你闷闷不乐地告诉我理综考砸了。我还没想好怎么安慰你，你灵机一动，眨巴着眼睛说要不我们翘课去看星星吧。话音刚落你便拽着我跑，耳边响起了叮叮咚咚的上课铃，美妙得像姐姐挂在窗前的风铃发出的声音。

那时候已是深秋，你带我潜进了生物园，那里有一大片软绵绵的草地。出于绅士风度，我把外套脱了下来，然后平整地铺在草地上。你惬意地躺在上面，而我坐在一旁发呆。

你往边儿上挪了挪，示意我躺在你的右边。我们有一搭没一搭地聊着，不知梦里花落多少。我多庆幸光线昏暗你看不清我的模样，否则我没办法解释为什么我的脸红到了脖子根儿。

我和你始终保持着两个拳头的距离,是我和你靠得最近的时候。

耳边传来你均匀的呼吸声,我才发现你睡着了。我犹豫着要不要伸出手把你的头发拨到耳后,但最后我还是放弃了。因为我们只是朋友,很好很好的朋友。

那天晚上,我在被窝里打着手电筒在日记本写下一段村上春树说过的话:"当你头发乱了的时候,我会笑笑地替你拨一拨,然后手还留恋地在你发上多待几秒。但是,如果我喜欢你,而你不巧地不喜欢我,当你头发乱了,我只会轻轻地告诉你,你头发乱了喔。"

我不忍心叫醒你,因为我不足以成为你从熟睡中醒来的理由。

阳春三月,草长莺飞,学校为高三年级组织了一次春游。说是春游,其实只是想让我们散散心缓解压力。

摇摇晃晃的巴士把我们带到一个森林公园,我刚下车,你就说要带我去一个好玩的地方。我们穿过森林,一片开阔的海域出现在眼前。那时候的海风还带着些许凉意,你却把外套薄衫的纽扣解开,下摆扬起来时像是起伏的波浪。

阳光打在你好看的侧脸上,你信誓旦旦地说一定要去一座海滨城市念大学,你要让它成为青春里最美好的底色。

大一寒假我去阳江市考驾照,那天下着淅淅沥沥的小雨,教练只好把看海的计划取消。临睡前我蹑手蹑脚地离开酒店,打开手机导航,穿越大半个城市来到了海边。

那天晚上万籁俱寂,海鸥不见了踪影,路灯把我的影子拉得很长很长,地平线忽明忽暗,像极了我那起起伏伏的少年心事。

现在的你到达了心心念念的地方,拥抱了世间所有的清风明月,我应该替你感到高兴才对,但那一刻的我却莫名其妙地想哭,大概是因为陪我看海的人不是你。

填报志愿的时候我安慰自己没关系的,天涯若比邻。但现在我不得不承认,我们之间,不止是隔了一片蔚蓝色的海洋。

大学的宿舍依山而建，每次上课的时候总会路过一片郁郁葱葱的小树林。有天夜里下了雨，早上醒来树上开出了一簇簇淡粉色的小花。我记起高三下学期开学那天，你递给我一个小小的包裹，里面尽是一些你在外地捡的枯叶和小石头。我不懂你的用意，只是悉数收下。毕业一年多了，那些物什我还宝贝地留着。

　　而这一刻山上花开遍，多希望你在。

　　多雨的季节，我习惯在书包里准备一把雨伞。我不像你那么大大咧咧，总是在下雨的时候才想起没带伞。但幸运的你，总会在愁眉苦脸地走出教室时碰到我。我打着伞把你送回宿舍，换来你一句俏皮的"谢谢"。那时候我有一个小小的心愿，希望从教室到宿舍的那段路，永远也走不完。

　　故事说到这儿，抽屉里那封涂涂改改的情书、日记本上你的名字、下雨天在教室门口执意等你的我……全是我喜欢你的迹象。它们早已把我的心事写在纸上，纸短情长，最后还是被青春这场大雨打湿。

　　我在想会不会有那么一天，我能带你去拥抱宿舍门前的那片花海，因为我想把这世间所有的海洋赠与你。

你我的梨花不忧

浅 昔

我不知道该怎么说清楚我和黎小优的关系。

我和黎小优的区别，简单来讲，黎小优家境富裕，我家境贫寒；黎小优英语特别好，听说读写样样在行，我却只能在及格线边缘垂死挣扎；黎小优是情商高手，我从小学到现在连个来告白的人都没有。即使是吃，黎小优麻辣火锅吃得畅快淋漓，我却连一口微辣的酸辣粉都吃得满脸通红，眼泪与鼻涕齐飞。

如果我和黎小优有关系，我觉得我们应该是"死敌"。

她总是说我人矮腿短，我总是说她小腿又粗又难看；她说我头比地球还大，我说她眼睛比蚊子腿还小。我们互相掐架，斗起嘴来谁也不让谁：她说我怕老妈是个"妈管严"还是个低情商宅女，我说她是全身风流债外加购物狂的败家女。她是我老妈眼中的"别人家的孩子"，我是她妈妈嘴里的"懂事好少年"。幸好我们的妈妈互不认识，否则我真怀疑当初她俩是不是抱错了娃。

每当我去她家公然霸占她的电脑还吃她的点心时，黎小优总会很唐僧地说个没完，其实她就一个意思：不准我把点心渣掉在键盘和桌子上。为什么她不监督我？噢，她去做饭了，午饭晚饭都是她做的。你看，她已经上得厅堂下得厨房，可我只会泡碗面加根香肠。

我们也一起去KTV唱歌，黎小优得天独厚的嗓音"唱"遍全校无敌手，我？我在吃东西啊——满桌的食物我可以快速地消灭掉半桌，留下半桌再和黎小优分享。你看，我吃得比她多，可她竟高出我半个头。如果我们俩是商品，黎小优和我根本就不是同一个档次的，她应该摆在精品区，我……我摆在地摊上。每次这么想，我都能够以非常亢奋的精神状态投入学习，所以估计我唯一的优势就是理科学得比她好，总分比她高，当然，英语还是输给她了。

我俩这么迥然不同，到底怎么认识的？这个问题说实话我也想了很久，归根结底还是从初一那年开始的。

黎小优都说了我怕我妈，其实那也是有根据的。比如，初一那年我在一群离开了温室投入到集体生活便举步维艰的花朵中就像一根坚强的荆棘，牢记着我家母后对我住校生活的谆谆教诲，生活井井有条，导致我被我那帮几乎全有公主病的宿友们扣上一顶"保姆"的帽子，还美其名曰：室长。

这不，室长还没当多久，有一天，我在阳台上洗餐具，她们一个个半开玩笑半认真地跟我说："你知道吗，103室的室长特别特别好，不仅给宿友洗餐具，还给她们洗衣服呢。"听到"洗衣服"仨字，我手一哆嗦，脑海里突然就跳出了我帮别人洗内裤的场景。Oh！No！每天我负责帮你们倒垃圾关房门顺带叠被子，有时候看不过你们把吃完没洗的餐具搁在阳台一整天，还顺手帮你们洗了，敢情还得帮你们洗衣服？！我当时火就大了，"哐"的一声把洗好的餐盒反扣在盒盖上，黑着脸地对她们说："关我什么事儿，你们想找那样的室长就去她那儿住！我这个室长是绝对没有这项服务的，要不你们把我辞了，反正我也不是自愿当这个室长的。"她们瞬间沉默了，后来我再也没当过老好人，只顾自己起床叠被吃饭洗碗，这也导致她们在很长一段时间里没有搭理我。那个时候我居然死脑筋地认为，都是103室长的错！她神经病啊？干吗装好人还帮别人洗衣服！我开始去打听她，想看看她到底是谁，长什么样儿，然后好开始从反感她升级到鄙视她。

可事实证明，我才是神经病。我看到很多老师同学都对她赞不绝口，再加上后来我们分到同一个班，她的优秀和好更是有口皆碑，所以我居然渐渐遗忘了她是103室长的事儿，还特别友好地跟她混、一、块、了！

没错，她就是黎小优。自从初三的一个夜晚我为了安慰她上了她的"贼床"一夜畅谈，大脑系统就自动地把她升级为"知音"党，说起来还是自己作死，明明说好要鄙视她的！居然！居然……开始崇拜她。

不崇拜不行啊！她就像个女超人，上到主任班任门卫，下到小卖部学弟学妹，她……都是她的人脉啊！在班级中更是人气极高！整个县城她跑过一大半，哪里卖什么哪里好玩哪里有好吃的她都了如指掌，如果说她在睁眼看世界，那么我觉得我就是瞎的。

然后我觉得我的命运也瞎了，高中的第一年，我们成了前后桌！

前后桌是什么概念？就是除了同桌之外的第二个上课传纸条下课一起上厕所的人。我一直记得黎小优一想睡觉就戳我后背让我坐高点儿帮她"挡风"；一想学习了就在后面嘀嘀咕咕地骂我头大挡她视线了让我趴下……这个善变的女人！

黎小优，现在的她比以前更是有过之而无不及，自从她套了个银光闪闪的牙套之后，整个人就像漏气了一样，瘦了！斜刘海儿变成了中分，还戴上了美瞳……现在我想换句话说，如果黎小优是女神，那么我就是女神经。

女神和女神经做朋友也会产生巨大的化学反应，就像黎小优把我一点一点地拉往更美好的方向，我也特别希望还是能够待在她身边。就像黎小优说的，我们会一直一直在一起，一起去KTV嗨歌，一起跑步去公园看老爷爷打太极，一起去吃好多好吃的东西。真不知道她是怎么搞的，上次她和一大帮朋友去溜冰场，滑得那么尽兴，居然没带上我。所以，她一不小心摔倒了，还摔到了头。医生检查了说有点儿轻微脑！震！荡！会有后遗症……

我不会告诉你们，我向老妈讨了个秘方，每天吃青皮鸭蛋两个，不间断，专治这个。所以，黎小优后来打电话骂我：姐吃到吐啊你知不知道？每天晚上感觉嘴里都是鸭骚味啊啊啊啊……

我拿开电话笑得岔气，然后一本正经地对电话那头气急败坏又无可奈何的黎小优说："嗯，有效就好！"

我其实没有告诉黎小优，这辈子真的很庆幸能和她成损友，谁能忍受我有时候反射弧太长把一切准备好的事情全部弄乱呢？就像我们约好一起出门，半路上她骑着车听到我的尖叫后"唰"地把车停住，心惊胆战地问我是不是腿被车轮卷了，我哭丧着脸说我忘带钱了，她差点儿一口气上不来顺便剜了我一眼。还有她曾把电动车停在街道边，让我在这边好好看着，她去对面买肠粉，我一听有吃的拼命地点头说好。等待的过程太漫长了，我很无聊就用手使劲儿握车头的手柄，没想到车居然向、前、开、了！我一急，把车一推！车就倒在地上直接散架了。

后来黎小优告诉我，她爸把车送去修，车头都快废了。快废了！回来骂了她一顿，以为是她飙车，把车给撞坏了。有一次，她被一骑反车道的老男人给撞了，锁骨受伤，那时候刚好学校要给高一新生配校章，她锁骨上包扎着的绷带就一同被定格在了校章里的照片上。这次她老爷子看到废了的车头，担心是不言而喻的。黎小优吼我的时候我突然冒出一句："你跟你爸说实话没？"

她当时就安静了，停顿一会儿又毫不在乎地说："说什么啊？有什么好说的？说了你是要赔吗？就你这小样儿把你卖了你也赔不来啊……"

我："……"

好像黎小优说得没错，我确实也赔不起啊，我就不做声了。后来我每次一看到她的车就自觉地躲远一点儿，因为那上面写着：我很贵！

但是比车还宝贵的黎小优我倒是更亲近了。

黎小优啊，我没什么钱，不过我可以陪你一直到永远。

暮寝思之

九 人

说起青梅竹马这回事儿,我没有任何发言权。我因为很小就开始寄宿生涯,在这件事上从一开始就输在了起跑线上。

不过还好还好,虽然没有脚踏七彩祥云从小就说着"长大以后娶你当我的新娘"的竹马,我却结识了一群志同道合的神经病。

我们的寝室,我们的302,就像是一支乐队。每一种乐器都有自己独特的音色,都能奏出不一样的旋律,碰撞起来会锅碗瓢盆乒乓响,舒缓起来也能像小夜曲一样安神宁气。

夏妲:我会想起你,像想起一朵不重开的花

夏妲的名字十分霸气,"妲"取自苏妲己这一历史上倾倒了一个朝代的妖妃,而"夏妲"二字读来又和名牌大学"厦大"十分相近,在我看来这是她爸妈对她赤裸裸的期盼——既要靠脸吃饭,又要有实力。

人如其名,夏妲长了一张姣好的脸,只可惜性格方面一直风风火火恍恍惚惚,我一开始是不喜欢她的,总觉得好好的重点高中怎么会有这样迷糊的人,又不是在演青春偶像剧。所以虽然同寝室,我依然不太愿意和她说话。

夏妲在开学的第二个星期日加我为QQ好友,当时我似乎正在看喜

欢的电视剧，于是随口敷衍"我现在有事，等下聊"。而这个迷糊的孩子呀，因为我一句轻率的"等下聊"，居然连作业都搬到电脑桌前做，傻傻地等了我一个下午。她的成绩一直稳稳地占据年段第三名，再加上她年纪略小，我们偶尔开玩笑就会喊她作小三，她也不恼，和和气气地冲我们笑，像一湾清澈的山泉水。

鉴于我女汉子的本性，其实我是特别喜欢保护一下弱女子顺便来点英雄救美什么的，于是自此我担上了照看夏姐的职责。比如说，在她买完东西忘付钱就走人的时候把她拽回来，在她付了钱忘了等找钱就走人的时候把她拽回来，在她付完准确的钱数忘了拿东西就走人的时候把她拽回来……

住宿一个月内，夏姐不知道走错宿舍多少次。跑到隔壁楼的男生宿舍拿着钥匙咔咔地开不了门，然后委屈地打电话问我什么时候回寝室她钥匙坏掉了。第二次走错楼跑到男生寝室去的时候，男生的寝室门是虚掩的，夏姐张牙舞爪地打开门蹦进去，结果看到了一屋子男生。她语气颤抖地问他们在女生宿舍干吗，据说是一副你们不说清楚我就去叫老师过来的表情。除此之外夏姐还去过203、304以及303。

神奇的是，那个总被夏姐入侵的男生寝室里，有一个男孩子就这样喜欢上了我们家夏姐。他装模作样地找夏姐借课本，还书的时候在里面夹了一个粉红色的信封。

而夏姐，居然以为是他落了东西，马不停蹄地送了回去，还夸奖："你这信封真好看，在哪里买的呀？我想买几个送阿四。"那个男生一定是觉得我横刀夺爱了，可这事儿真不能怪我哇，谁叫他傻，在信封上写上"夏姐亲启"不就完了嘛。

有一回我让夏姐爬我床上给我拿手机（上铺），那丫头颤悠悠地爬上去，结果不敢下来。折腾到最后惊动了宿管阿姨，阿姨好说歹说磨破了嘴皮子，才小心翼翼地把她哄了下来，我设想了她下来抱着我哇哇大哭一把鼻涕一把泪的样子，结果她刚一落地就笑开，乐呵呵地感谢了阿姨的友情相助。嗯，大概迷糊的人都是不会做噩梦的，好了伤疤忘了疼都没有她这么快的。

你看啊，夏姐这么这么迷糊，所以她在家洗澡时迷糊得连煤气泄漏都没有察觉，我真的没有见过比她更笨的人了。可这一次我却没有办法像牵着她过马路把她从纷繁的车流里拽回来一样，把她带回来。我想再吐槽她是春虫虫都没有机会，风流云散，自此别过。

夏姐明明应该是最悠扬的长笛，最后却成了我们心中永远开放的一朵花。永远美好，永远怀念。那么，我也用《未闻花名》里的一句话来结尾吧——

渐渐地那朵花的香味也会变淡，我们也会长大成熟，不过呢，那朵花，一定也会在某处继续绽放。是呢，我们会一直一直，实现那朵花的愿望。

夏姐你听到了么，我很想你。可是你这么迷糊，是不是在我说话的时候正在呼呼睡大觉？呐，别再走错宿舍啰。

李绒：让我们一起文艺到死吧

我是动漫社的副社长，李绒是文学社的副社长，偏偏她更爱动漫，而我更爱文学。于是我们一边互相鄙视对方身在福中不知福，一边成为了矫情二人组。

我在语文课上传纸条给她说："我曾经很喜欢一个女孩子，喜欢到什么程度呢，语文老师在课上念'名利荣辱'，我都能把'利荣'两个字挖出来当李绒听。"

寝室被我俩折腾得像书画展览馆，墙壁上贴满了她的毛笔字我的文章我们的画，李绒还从家里运来一个小书架堆了一堆的杂志。她老是喜欢从隔壁床手脚并用地爬到我床上来伸伸懒腰蹬蹬腿，然后碎碎念"阿四你就不能争气点儿多过几篇稿子么，《中学生博览》现在都涨价了我都快买不起了嗷呜嗷呜"，我随手拿起一本书拍她脸上，然后手脚并用地爬到她的床上准备睡觉。真是，不就五毛钱，大不了我资助一下小穷光蛋嘛。哈哈不要诧异，我们只是换张床睡呀，虽然说在上铺爬来爬去比较危险，好吧这是特技，小朋友们千万不要模仿。

李绒是很严重的手机控，举个例子吧，给她一本单词小册子她完全背不下去，把单词拍进手机再让她背，她就能分分钟记住那些字母。她背那么多诗词、单词、文言文都是手机的功劳，我觉得你大概没有办法想象，一个人千辛万苦买来限量版图书，只是为了拍照放在手机上看吧。咦，我渣渣的自拍技术还是李绒教的。

李绒没有很特别的地方，但是从哪个角度怎么看都是赏心悦目的，也许是每个方面都一样的棒。

钢琴小姐，你好呀，我喜欢你很久啦，让我们一起文艺到死吧。

阿四：被人盯着写字不开心

你以为我不想说说阮歌把裙子穿反出去约会的事么！你以为我不想说夏姐晚上睡觉会磨牙说梦话么！你以为我不想说李绒某天在睡梦里醒来，发现睡觉时压到手机拍了一组睡颜照么！你以为我不想黑她们么！

不过我终究还是花了近一星期，绞尽脑汁地把她们所有的优点罗列了出来，唉，同一个屋檐下，写文需谨慎。

至于我是什么乐器吗，嘿，当然是邪魅狂狷的吉他！毕竟我是铁骨铮铮的女汉子啊。

你依旧是我最美好的少年

感谢那年的相遇和他对我的吸引,因为他的存在,我的努力才充满了意义。少年在厕所外给我唱过的每首歌,都变成录音,回荡在我的青春里。感谢十八岁的青春和懂事的自己,未来很远,梦想很大,你依旧是我最美好的少年。

四方是最亲爱的天堂

夏南年

Z姑娘跟我说："我买了14号下午两点回家的票，结果通知14号下午六点有个心理问题的讲座，再不让我回家我就真有心理问题了。"然而我完全没有Get到这个高中时期跟我几乎形影不离了两年的姑娘心里淤积的所有难受，莫名觉得被戳中了笑点，可是笑完又有点儿莫名的失落。

作为一个学霸，Z姑娘考上的大学离家特别近，最让我羡慕的是他们学校干脆取消了今年的军训，不像我的学校，把中秋假占用来让我们"飞上天和太阳肩并肩"，可惜Z姑娘不觉得开心。

公主型的她从小就被照顾得特别好，高三下午的每个大课间，我都跑去蹭她妈妈给她送的美味佳肴，有时候她想吃小吃，干脆把饭给别的同学。Z姑娘高考完，她妈妈每天在她出门玩儿前的话就变成了"现在想买什么就使劲儿买，千万别省钱"。某天Z姑娘很生气，和她妈妈大吵一架，因为她妈妈一个劲儿让她买开学用品……

现在哭穷的人特别多，我第一次见到"哭富"的姑娘，于是Z姑娘开始跟着班级游览偌大的农业大学时，我在逼仄的寝室研究只能淋浴的喷头；当她一遍遍跟我念叨着恋家时，我已经走在了军训的路上。

我很羡慕Z姑娘，Z姑娘也很羡慕我，她在她爸妈走的第一个下午就难过不已，我在学校一整个星期最多跟我爸聊了不超过十句的微信，

Z姑娘失落地说，她不想上大学了。她从来都是这样，没有勇气，只能接受别人的安排。Z姑娘最后一句话还提醒了已经很久不玩空间的我："我不知道这样的生活要怎么继续，空间里到处都是想家的。"

我住的城市虽然不大，却无比丰富，南北交界卡在风景区里，融合了千姿百态的味道和温暖。家里人通常照顾得无微不至，到了大学开始住校，想家的同学比比皆是，可是我自始至终，都没有真正尝过想家的滋味。

晚上和一个很亲近的姐姐说起最近的心事，谈到我把自己的路走得越来越死，绝境重生一点儿都不是件好玩的事儿。我开始健忘焦躁，做不好很多之前明明得心应手的事情。同学朋友都在参加各种各样的活动，遇见有趣的人，而我好像已经很久一无所获了。

可是越着急，生活就越发凌乱，连喜欢的书也读不下去了。

而后我不经意地说，像Z姑娘这样的公主，其实我打心底还是挺羡慕的，若不是有太丰富的情绪和期盼没人理解和满足，我也不想把自己变得像个女金刚，天涯海角都敢跑，变得越来越坚硬，越来越明白不动声色的滋味。

可是姐姐说："其实那样也不一定真的好。"就像高中班里最厉害的学霸，以高分轻而易举考上小城的学校，离家近，只是因为不善交谈，大学时依旧整日回家，我们都觉得无聊透了。尚好的青春都看不到外面的缤纷锦色，也许一辈子都不会明白，每次心心念念发着计划旅行的动态时，我心中雀跃。

记得初中时，整日躲在奶奶家阳光明媚的床上看小说的时候，我还是只能躲在老师眼皮底下偷偷拿着作业本写信的年纪，只能在信里龙飞凤舞。"我以后一定要去你们住过的地方。"那时候我喜欢到骨子里的一句话，正巧是我前几日说两年内的出游计划时，一个小姑娘说的话，现在看到，觉得稚嫩无比。

记得《夏至未至》的结局，就是那个在酒吧唱歌的叫遇见的女孩儿在心里跟品学兼优的好友立夏说："好女孩儿去天堂，坏女孩儿走四方，可是我现在安顿了下来，你又在哪里呢？"

我计划着要走四方，所以我不是个好孩子，不论对好女孩儿这个词的定义有多严格，从小学开始，就有不同的老师把我妈三番五次叫来学校，一遍遍数落着我那些子虚乌有的"罪行"，然后回家的路上就开始大战。

到了初中和高中，我和家里人的战争已经不需要老师这种神奇的生物来架桥了。我写下的数篇故事，每一个标点符号都会引来一场战争，我放在心里的人，变成茶余饭后挤兑我的敌人，可是没有人知道，时至今日，我仍旧习惯在走到一个陌生的地方时，梦见一个人与我和好如初。

我忘了带《梦的解析》来寝室，只能坦然接受这个事实，然后在军训时的烈日炎炎、汗流浃背下，想一想曾经和他彼此互相扶持的时光，时间便会一眨眼飞逝，然后在心里幻想无数个和他重逢的瞬间，虽然深知每一种都是漂亮的幻想。他于我，只是一份支撑我的沉默的力量。

天暗下来，你就是光。我在日记本上悄悄写了很多次这句话，在身边的人奋笔疾书写作业的时候。坏女孩儿不够恋家，不会像Z姑娘那样，很早就迫不及待买好回家的票，我终究要走很多地方，而这样的四方，又一直没有界限。

计划好寒假去平遥，准备学织围巾，给那里的妹妹亲手织一份蓝色的温暖，又准备十一长假回家办港澳通行证，还想找个三四月的好天气去厦门。我认识很多人，在每个地方都种下一棵温暖的种子，于是我一边羡慕许多人被家人照顾得无微不至的生活，一边不甘心守着一方天，我喜欢走很多地方的感觉，每一步都像走在天堂那样美妙新奇。

有一个很喜欢的作者说，说走就走不如不走，大概是说远行回来，会发现想要逃避的事还是原封不动摆在眼前，可是我还是相信，时间打马而过远不是轻描淡写地离开。

我在夏天最炎热的时候忍不住打了一对耳洞，即便每个人都告诉我这样的天耳洞极易发炎,但这是我从小到大最廉价的梦想之一。四年级时看《放羊的星星》,夏之星摇曳在耳畔的金色星星摇晃了我的青春。

我喜欢亮闪闪的耳钉,想象未来某天能遇见一个干净的男生,从他的耳垂取下一枚尖锐闪烁的耳钉轻轻插进自己的耳洞,然后温柔地私订终身。

可是你知道的,在所有美好期许的前面,总是有那么一点儿不完美,我的右耳洞在即将长好的时候被我不小心拽烂,转眼军训的太阳下汗流浃背,更是不见好转。

我急得要命,每天都碰一下感觉疼痛的程度有没有减轻,每次都把刚愈合的伤口重新碰开,周而复始,就像这段时间我慌张又卑微的生活。

西方人把《圣经》当成睡前故事,其实很长一段时间里,我习惯在临睡前翻几页独木舟的《我亦飘零久》,我喜欢了她整整六年,我记得她走了很多遥远的异国他乡,也记得她遇到过一位传教士,传教士说:"神会安排好一切,你要等。"

其实我的耳洞在愈合,只是有点儿慢,就像我站在人群中,觉得自己比不上很多人,但这并不妨碍我做自己喜欢的事情,已经好多年了。

我不是好女孩儿,但我从来没伤害过任何人。我想走的四方,也是我心里最最亲爱的天堂。

你依旧是我最美好的少年

吴一萍

高三越来越多的功课压在每个人心头，让人无法喘息，总觉得发一下呆都是在浪费时间。就在无数支红笔替换芯和黑笔替换芯牺牲的时候，高考的倒数一百天如期而至，而我的心思却不在这上面。

我的理科成绩一直在中下游，再怎么努力肯定也走不了一本院校，更别提自主招生这种高大上的行动了。当初弃文从理的理由在我位置的正前方。

他叫颜顾，拥有着与众不同的姓氏，同样也拥有着无人匹敌的智商，三年高中直到上一次模拟考，一直都是全校第一。这不是最重要的，最重要的是他长得特别欧美范儿，高鼻梁、双眼皮儿、白皮肤……最最不理解的就是他对谁都是一样的好，特别是对女生。

"这题错了吧，欣欣，应该用积化和差来做的，你看这个可以变化……"这是他第一次和我说话。该死的夕阳包围着他，他像一个太阳神，从宇宙的外太空直接砸在我的心脏上，"砰"的一声。彼时我还是一条文艺汪，分科的热潮也没有到来，但我已经打定主意跟随他的脚步了。

分科考试来之前，我偷偷瞄到了颜顾在"理科"那栏勾了对号，于是我就鬼使神差地把自己勾好的"文科"擦了个干净，看到和颜顾一模一样的分科表的时候，我得意地咧开嘴笑了。

故事总是很曲折，班主任发现我改了分科表之后，连续一周把我请去办公室洗脑。大概是因为颜顾的洗脑术太强大了，我对班主任的利弊分析完全无动于衷。最后班主任请来了我亲爱的爸妈，严肃地告诉他们，如果我念文科就是一条康庄大道，如果我念理科那就是苦哈哈的荆棘路。我妈急了，鼻涕眼泪全部摆在我眼前，仿佛我就是那不孝女儿；我爸急了，一巴掌就扇在我脸上，火红的手掌印给我留作叛逆的纪念。最后我雷打不动地选了理科，文综的小霸王沦落到理科的小笨蛋，化学式经常驴唇不对马嘴，物理的受力分析永远缺胳膊少腿，生物的遗传总能产生新物种。可就是这样，我还是咬咬牙坚持下来了，因为心动太强烈。

　　如愿以偿地和颜顾在一个班了，可是学习压力轰然而至，以至于一学期我们在班里都没有讲过几次话，但是每次一抬头就能看到颜顾的感觉实在太美好了，学习起来也是乐滋滋的。我对文科天生的敏感，对理科真心少了根筋，这让我每天休息的时间只有五个小时。尽管这样，我还得仰望颜顾，还得仰望那所位于北京的大学。

　　颜顾之所以在我心里如此重要，还有另外一个原因，那就是高二上学期的秋游。

　　作为理科实验班，紧张的功课几乎就是我们全部的生活，在进入高三之前，学校按惯例组织了秋游。秋游和踏青差不多的概念，也是班级一行人四处看风景、览名胜。这么高大上的活动，我果断穿了一件白色裙子出席了，偏偏那天降温，我活活被冻得脸色发青。就在我要放弃这次来之不易的机会的时候，我的颜顾学霸挺身而出。我有了外套披着，他顶着三七分的头配着衬衫，居然幻化成了王子的模样。我亦步亦趋地跟着他，看他冻得直哆嗦还频频回头问我冷不冷。而别的同学都是冷嘲热讽，说我为了漂亮不要温度，别说同情，就是视而不见他们都做不到。我突然觉得我人生里做得最正确的一件事就是改了分科表，能遇到颜顾真好。

　　还有一次我对颜顾感恩戴德是一起从寄宿制的学校回家的时候。

已经是冬天了，天总是很早就暗了下来。别的同学的父母都过来接他们了，颜顾也是一样。唯独我不一样，爸妈太忙了，每周回家我都得靠自己。可我发现，晚上七点了，颜顾也没有离开教室。空荡荡的教室里只有我们写字的沙沙声和厚重的呼吸声。这么晚了，再不去搭公交车，恐怕回不去了。我收好东西，打算离开的时候，颜顾也停了笔，他套上外套很顺口地说："回家吧？我送你吧，一个女孩子不太安全。"当他顺理成章地拿过我的东西的时候，热泪盈眶这个词都不足以表达我的内心。

　　从学校到车站有五分钟的路程，平常我都是等别的同学都回家了，再去搭车的，这些同学也包括颜顾的。今天一直等着颜顾，比平常晚了一个小时，突然我想去上厕所。学校因为学生离校，厕所不但没有人，灯光都很昏暗。也是颜顾主动要陪我去，在门口等我的。

　　我把手机放在一边的时候，听到外面颜顾大声地唱歌，从《两只老虎》到《旅行的意义》，从不认真到虔诚。出去的时候，颜顾担心地问我没发生什么事吧。我答："没有，你的歌声很动听，坏人都被吓走了。"颜顾不好意思地挠挠头，说是因为担心我害怕，所以唱歌给我壮胆，让我原谅他的五音不全。我多么想告诉他，哪怕一辈子让我听他的五音不全我也愿意啊，可是我抵不住自己的懦弱，我回答说真的不好听，原来好学生也有缺点啊。

　　那天搭的公交车特别特别慢，我觉得我身后就有颜顾的身影，他在对我挥手。那以后，我对理科的兴趣突如其来，不但数学开始能和课代表竞争一二，连理综也往前五名奔跑了。这背后是越来越少的睡眠和用得越来越快的替换笔芯。

　　然而好景不长，我到了学习的瓶颈期，开始走下坡路，成绩不进反退。又回到了中下游的位置，拦都拦不住。不仅这样，我长期熬夜喝咖啡的副作用也出来了，我长得胖了些，皮肤居然也黄了些。黯然神伤、自暴自弃是老师最后给我的评价。

　　颜顾依旧是风风火火的第一名，他不爱争更不屑于努力，他天生就聪明、自由。那段时间我特别消沉，有时候上课上得好好的就会流眼泪，更多负面情绪出来以后，我形单影只地被班级孤立了。颜顾在一天中午午休的时候找了我，送了我一只手表，他说努力的人需要好好地规划。那天之后我又走了出来，成为了他的竞争对手，又或者是他拽起来的队友。

考试前，颜顾约我去了新北，一个酒吧。我没见过他那么失魂落魄，下巴露出了青胡楂儿，衣服也脏污不堪。最后他告诉我，他父亲生意失败了，而他自主招生去了中科大，可家里居然连学费都凑不齐。他的人生像遇到了一场车祸，让过去没有忧愁的他忧心忡忡。一个骄傲的孔雀突然失去了所有华丽的羽毛，这是怎样一种悲哀？那天，他喝了好多酒，说了好多话。我发现他其实只是活得圆滑，做生意的父亲告诉他，无论对谁都要真诚，总有一天自己会受益的。所以他给女生送过伞，送过生日礼物，送过花……陪女生逛街、吃饭、学习……而我，原来只是一个他培植的对手，让高考这场游戏更刺激。看我脸红，看我吃力学习都是他的生活方式。

那晚我付了酒钱，花光了我半个月的生活费。第二天我在他桌子里塞了一张银行卡，带着密码。那是我每年存下来的压岁钱。我写完题刚抬起头来的时候，看到满眼通红的他，突然很释怀。我还他以微笑，终于自己不再渺小。

感谢那年的相遇和他对我的吸引，因为他的存在，我的努力才充满了意义。少年在厕所外给我唱过的每首歌，都变成录音，回荡在我的青春里。感谢十八岁的青春和懂事的自己，未来很远，梦想很大，你依旧是我最美好的少年。

成　　说

李　晨

有一种生活叫高三

2016年7月的某一天，我的QQ里多了一条陌生人的好友申请，从此开始与小C结缘……

8月15日，小C突然发了一条消息说："真难过，我们明天就要开学了。"

"呵呵。"我回复，紧接着又回了一句，"我们已经开学一个星期了。"

"啊？"她显得很吃惊的样子，"那你怎么每天还跟我聊到这么晚？高三了，不应该很忙吗？"

忙？呵，有什么关系，反正对一个书本上除了印刷字体外比脸都干净的学渣，你能指望他考出什么好成绩？

"无所谓。"我回了三个字，态度有些冷淡。因为我开始怀疑她是闲着没事干上网找找乐子的乖乖女，对于这种阶级敌人，还能指望我有什么好语气！

小C好似也看出了我的敷衍，那一晚我们并没有像往常一样聊到十一二点，而是匆匆散场，各自去赴了周公的约。

8月16日，那个熟悉的QQ提示音再没有响起，微风吹来，有些冷，窗外淡黄色的微晕里透着些不可言明的寂寞……

8月17日，一夜的寂静，让人难以忍受……

8月18日……

之后依然悄无声息的QQ更无时无刻不在提醒着我一个事实，小C也许不是一个玩票的"学渣"，人家的真实身份不知道是哪所名校目标清北复交的学霸呢！我自嘲地想。

……

"分分分，你们就知道分！"我冲进卧室，"啪"的一声摔上了门。

"分分分，学生的命根，你这孩子怎么就认识不到分数的重要性呢？"

我打开电脑，开机的巨大轰鸣声湮没了老妈的唠叨……

我盯着电脑屏幕发呆，没有打游戏，因为第一次月考的成绩单让大家都不得不去应付家长们的发难，从而无暇上网。一时间，我感到无比的寂寞……

有一曲歌谣叫天使

我鬼使神差地登上QQ，出现的是一个"生日提示"9月2日，原来今天是小C的生日？犹豫了好久，我还是发了张电子贺卡。

两分钟后，我收到两个字，"谢谢"。我以为是自动回复并未理会。

"在吗？"她问。

"嗯。你这些天都去哪了？"

她突然沉默了，良久之后才回了两个字，"学画。"

"学画？"

"嗯，两万多三个月的速成班。"

"乖乖，那可真是用钱堆出来的。"我只是单纯地表达了我的感叹。

"是啊，我爸妈把所有的期望都寄托在我身上了，因为我成绩不好，我爸听说艺考容易些，二话不说给我报了个班，两万块钱，大半年工资呢，你说我要不努力学习，对得起谁啊！所以我得拼命去学。"

"嗯，加油！"我只回了一句苍白的话，却着实为她话语里的沉痛而难过。

"可是我好累，我不知道能坚持多久，我怕他们对我抱有着很大的期望，最后却发现只是水中的月亮，怎么办？查查，我该怎么办呢？"

"别担心，我会陪着你的。"

那之后，我的日常生活里多了一项二十二点之后的活动，在小C复习功课开小差找我聊天时充当学习提醒服务的闹钟，哎，真是一失足成千古恨啊。

不知怎的，一天她心血来潮问我成绩怎样，我据实以告，第二天却收到一份这样的信：

致渣渣的一封信，你好，从今天起你被强制改名为渣渣，在未摆脱学渣身份前，不得恢复本名。

"别闹。"

"我没闹，渣渣。"

"哼，说我，你不也一样。"

"我现在有进步，不像你还是个渣渣。"

"喊，我要好好学一定不比你差。"

"那你学呀！"

"学就学。"

……

10月8日，小C特别兴奋，叽叽喳喳说了一堆关于她师兄、水彩和绘本的事，然后神神秘秘地说："哎，给你听首歌……"

"你就是我的天使/给我快乐的天使……"

我笑了，你才是我的天使啊。没有你，那个吊车尾的学渣才不会有上进的一天……

有一个约定叫成说

"死生契阔，与子成说。执子之手，与子偕老。"一天小C突然发了这么一句话，弄得我心里一团乱麻。

"你恋爱了？跟那个师兄？"

"不，这是一个约定。"

"嗯？"

"这句话出自《诗经》，说的是将士们约定誓言，同生共死上战场。现如今高考也是一个战场，我们都要奔赴的战场，查查，我们也作一个约定，我们都要在这个战场上活下来，好不好？"

"好。"我回了个笑脸，却在心里默默地许下一个新的约定：死生契阔，与子成说。执子之手，与子偕老。

还好我们早早遇见

李寻乐

刚转学的时候,父母还曾担心我不适应远方的环境,想要劝说我留在家乡,不要和他们过去。可我知道,我是多么期盼那一天的到来。

那天阳光很好,不远处的海边还飘来丝丝咸味,格外令人怀念。而我也在老师的介绍下,选择了与你同桌。我天生耳朵听力有点弱,碰巧那天助听器落在了家里,于是热情的同学想和我聊天也被我的平淡、安静打破。假使我能上一分心的话,我也不会在之后的日子里被宣扬成高冷男。

但那时,你安静看书的样子着实让我离不开眼。是的,都怪你。

我一节课碰掉了你三本书、两把尺子、一个笔袋,终于让你把目光投向我。我喉咙一直紧张地颤抖着,想着等会该如何地摆出温润或是高冷,抑或是阳光的样子,才能让你注意到我。可你只稍稍停留了一会儿,就被我桌子上的盆栽蛋糕给吸住了神,你有些不好意思地问我能不能把蛋糕给你吃。

我面无表情装作冷酷地和你对视了三秒说,你做我小弟我就给你吃。你惊讶地看了我一眼,转瞬间又笑着说,好啊。

那天开始,你把小弟这份工作做得特别好,而我亦按时投喂给你美味的盆栽蛋糕,尽了身为老大该有的责任。假山旁你安静地坐在长椅上,眉眼里掩盖不了的满足让我常常梦见。

格外的动人。

有了老大和小弟这层关系，我们之间的关系自然而然地成了同学眼里的最好，便是他们开玩笑地说我们俩干脆在一起吧，你也有了充足的理由反驳道，他是我老大，你们别想多了。

可我其实很乐意他们想多，便是成了真也不为过。

你成绩好，上课认真听课，偶尔走神后点到回答问题，还没等我翻到答案，你就流利地说了好几种解法。我始终想不通，你是不是上辈子连这辈子的书都看完了，怎么我眼里送命般的题目到了你眼里，都成送分题了。

我成绩还行，马马虎虎离你不远。高三下学期班主任老周挨个询问志愿，你不咸不淡地回了一句先努力再说。老周欣慰得不说话，他想你肯定是去重点大学的料子，肯定不用他担心，可我看得出你在发呆，目光顺着窗外一路飘去，似乎随着风到了某人的身边。

高考前一个礼拜，我约你到天台上，有意无意地问起你会去哪里。我知道你肯定不会骗我，可你摇摇头，半天没有说话。前所未有的挫败感忽然生了出来，然后只能无奈地轻叹了一声。

录取结果出来了，你分数很高，却出人意料地进了不算最好的S大，而我却异军突起考上了B大。同学老师轮番安慰你，和你说其实已经不错了。可我知道你内心并不难过，反而开心，因为那里有一个你想念了很久的人。

而我更是知道，我也比想象的更难过。

报到那天，你开心地给我打了个电话。从学校的环境到食堂吃的，再到室友都很好。最后又轻声说，你见到顾某某了。他成了你的直系学长，你还进了他那个社团。漫长的两个小时，只单单他一人就占去了大半时光，直到电话里出现了声温吞的喊声，你激动地说了句有空再聊便挂了电话。

而我站在大太阳底下，因为聊天，成功错过了好几辆去学校的车子，直到了傍晚才顺利到达学校。学校很大也很美，清风明月，一方碧塘，可我却莫名其妙地觉得有些寂寥。我想大概是年纪大了，以至于变得多愁善感了，不然怎么会这样。

你隔三差五地和我说你在学校发生了什么，譬如顾某某带你吃饭了，和你一起做活动，又或者社团组织聚餐你坐他邻座。我认认真真地听着，想象着在你旁边的是我。室友总把你当成我女朋友，毕竟我们俩的电话勤快得过分。我猛然想起，你会不会想吃我做的盆栽蛋糕，我像是一下子找到了主心骨似的，翻来覆去睡不着觉。

我通过学长学姐知道了一家手工蛋糕店，好说歹说才让店长同意了我自己做的请求，做了你最爱的香草味蛋糕，第二天一早坐上高铁匆匆忙忙地赶到你学校。你的专业课表我托人查了，特意选在了你上完课的时候。天灰蒙蒙的，像是要下起雨来，我等在教学楼前的路上，不安地打量着走过的每一个人。

你依旧没变，无论是眉眼抑或是穿着，只一眼我便注意到了你，还有你旁边的顾某某。看得出来你很高兴，笑着和他聊着天，融洽异常，像是和我隔了千山万水。我一路跟在你们身后到了蛋糕店，然后听到你轻快地对他说，我要这个香草蛋糕。

你过得很好，没饿着，没冻着，没伤着。可我却怎么也高兴不起来。那个在你身边的，终归不是我。

很多故事还没开场就已经落幕了，但依旧有人开心，有人看着那人开心。

爱一个人时，浅浅地吸一口气都要无穷的勇气，不过最后只能不轻不重地叹息。

我现在很好，一点儿都不孤单，哪怕是过去都不曾那么好过。
真的。你看，我笑起来是不是还那么好看。
汤汤，幸好我们曾早早相逢。
此后时光无垠，早早散场也无妨。

你可能不会喜欢我

谈阿宝

偶像你吃药了吗

现在是凌晨一点,想了好久还是发短信给你,说了一声生日快乐。

你不会知道我是谁,因为这是我的新手机号码,而你也不会回我,谢谢,你是谁。

最近我一直在失眠,我知道是为什么,可又不太愿意承认。

今天看毕业照的时候,才突然发现,这么久了,我们居然连一张单独的只有我们两个人的相片都没有,不禁苦笑。

还记得当初第一次见你,是在楼梯上,你背着黑色的书包,右手插在裤子口袋里,高冷地走在我前面。我记得很清楚,因为你那天衣领子没有整理好,看上去很搞笑。后来在三楼的高二九班,你停下脚步,喊了一声报告。透过窗户,我看见正在上课的老师停了下来,望了你一眼,便只淡淡地说了一句,周子逸,怎么迟到了?进来吧。

看着你的脚迈进去,我迟疑了一会儿,也走到门口,说,报告。

全班安静,都抬头盯着我,我紧张得要死,死死地看着讲台上的老师。老师惊讶地看了我一会儿,傻傻地说,噢,郭伊伊吧?你们班主任跟我讲过,进来吧。

我走上讲台,深呼吸,努力调整状态。

大家好,我是郭伊伊。

我鼓起勇气环顾教室,第一反应,居然是找你,大概是因为你是这个班上我第一个遇见的人。你那时候正低着头,用手拨弄着头发,头轻轻地摇晃。我看你的时候,你正好抬头,微微眯着眼看我,教室是亮堂的,而你的眼睛里的光芒却是更加明亮的。我忍不住和你对视了一秒。忍不住多看的那一眼,便是我这两年来的所有快乐悲伤的起点,是我如今半夜痛苦流泪的根源。

作为一个转校生,融入一个团结的集体是件很难的事情。刚刚开始,除了别人和我打招呼,我几乎都不讲话,整天心情都很低落。

可我还是有偷偷观察你,黑色的T恤,深色裤子,蓝色板鞋,这是你最常见的打扮。虽然会经常迟到,但你其实并不是什么差生,相反你成绩很好,很多老师都很喜欢你。而后来我就知道了,作为一个走读生,赖床太正常了,所以你才会经常迟到。好吧,这些都不算什么,我只知道,周子逸,在我们还没有任何联系的情况下,我偷偷关注你的行径,这不太正常。

一个月后的考试,我成了年级数学第一,一下子引起了轰动。记得那天老师发卷子,喊到我的名字时,把我狠狠夸了一顿。我上台拿卷子,下来的时候,下意识地瞄了你一眼。你弯起一边的嘴角,正坏坏地冲我笑。我吃了一惊,慌忙地低下了头,走到座位上,心怦怦地跳,之后就胡思乱想了好久。

虽然后来也就知道了,这只是你标志性的微笑,可我却忍不住地怀念。

而我们真正的交集,是体育课你不小心把篮球砸在了一个女生的头上,那个女生坐在地上哭得很惨,你不知所措地站在一边。这件事本来是怎么也和我搭不上关系的,可看见你慌张的样子,我突然急了,只想快点帮你。我扶着那个女生去了校医室。其实真的也没什么问题，可是那个女孩儿大概被吓到了，她留在了校医室休息。我回教室的时候，你已经在教室了，看见我，没说什么，却眼神急切。我冲着你笑了笑，说了句没事。然后就看见你缓缓地舒了一口气，随后又朝我露出你那个招牌式微笑。我点了点头没说什么，默默地回到了座位，但心里确实很开心，因为我居然帮到了你。

那天晚自习的时候，数学老师把几个数学不错的同学喊出去讲话。这里面就有我和你。

为了不打扰别的同学，老师把我们领到拐角的楼梯口，当时，我还没注意到你也出去了。我发呆似的听着数学老师啪啦啪啦地说话，突然感觉背在身后的手心里被人小心翼翼地塞进什么东西，我下意识地握紧拳头，正好抓住一根手指，我还好奇地捏了捏它。你在身后发出轻微的笑声，我听到声音，知道是你了，赶忙松了手，却依然可以感受到手心里的椭圆形状的糖果。周子逸，你知不知道，当时知道你站在我身后的时候，我整个人僵得一动都不敢动，手心里的糖果，我却用尽全力地握着。

之后，因为你的作为感谢的糖果，我们的关系开始莫名地交好。一起去数学老师办公室讨论问题，一起讨论三国或者红楼，你打篮球会很自然地喊我名字，我就乖乖地跑过去帮你看管衣服。知道彼此爱喝的饮料，去小卖部也会给对方带上。关心对方的成绩，为彼此加油。

这一切，真的都超过我的预想。

周子逸，你知道吗？那时我以为按照偶像剧套路，我们会在一起呢。我以为，你肯定是有那么点喜欢我的。

高二结束的那年暑假，那部《我可能不会爱你》电视剧火到不行，一直默默爱着程又青的李大仁让我无比心疼。当时我就想，我是李大仁吧，虽然性别不同，但那份喜欢却是真切的。

可是后来，我看到了你在朋友圈发的照片，刚刚打完篮球，头发湿湿地贴着额头，一手拿着矿泉水，一手握着一个女孩儿的手。你是笑着的，很帅气，可那种坏坏的笑却不似平常了，你眼睛里是亮晶晶的，塞的全是喜悦。当时，我坐在电脑前整个人都蒙了，傻傻地盯着那张照片看了好久。

晚上，我们QQ聊天，我问你，那个女孩儿是你女朋友吗？

你发过来一个笑脸，说，是啊。随后又发给我另一张那个女孩儿的照片，问我可爱吗？

我不记得后来我们还聊了什么，我只知道，那个晚上，我知道了你不喜欢我，你有喜欢的人了。

之前我真的只是自以为是，一厢情愿。

那一刻，我很不喜欢李大仁。为什么总是付出守候，却得不到一点回应。

之后开了学的日子，因为女孩儿不在我们学校，你开始在我耳边跟我讲那个女孩儿，说你很想她，说她有多可爱。那真的是个很优秀的女孩儿，优秀到我嫉妒不已，优秀到你整天挂在嘴边念叨。每次过节，你都让我提建议，应该送她什么样的礼物。我很难过，每次你提到那个女孩儿的名字，我都很难过，你不知道我对你的喜欢。周子逸，我自己都觉得我自己蠢到无敌了，居然还一直陪着你。在你一个人的时候，陪着你，不让你孤单，把我的全部关心都给你了。在你和她在一起的时候，陪着你，接受着你分享给我的喜悦，尽管那些分享像堆碎玻璃，扎得我很疼。

之后的模拟考试，我们都考得不错。三模后，你看着成绩单对我说，郭伊伊，你看我俩成绩差不多，我们考同一所大学吧。

那时候是晚饭时间，我们两个趴在阳台上，看着远处的太阳。我转过脸看着你，你的表情很认真，好啊，我答应你。

你说，嗯，到时候我们三个人在一起。

三个人？三个人！你的表情还是很认真，我没有多说什么，却心中明了。

太阳快下山了，我的心也慢慢地闷闷地下沉着。

周子逸，三个人中，我该是什么样的角色？你又将处在什么样的尴尬位置？我小心翼翼守护的感情，又将何去何从？

所以高考之后，我就发誓，不论考得怎么样，周子逸，我要远离你。

所以，你的电话，我没有接。你的QQ留言，我选择视而不见。同学聚会，我也用荒唐的理由拒绝了。

成绩出来后，我考得不错，我看见你的留言，知道你考得也很不错。

那天返校，我直接去了老师办公室，本想待会儿不去教室直接离开，就不用碰见你的。结果反倒在老师那儿与你遇见。周子逸，自从成为朋友以后，不论是在校还是放假，我们基本上每天都有联络。而这次，在这十几天的刻意回避后，我发现，再次见到你，我居然会如此不安定，我心里有些难言的情愫在躁动。

你惊喜的眼神让我不安。你说，伊伊，这几天去了哪里啊？怎么一点消息都没有。

我低着头，努力装成随意的样子说，没啊，遇到点事，现在解决了。

嗯，伊伊，有想好上哪里的学校吗？我们还是一起去中南大学吧。

不了，我想去北方。

那天，我都没敢看你，怕你发现我的紧张，我努力装作和以前一样，不让你看出我的逃避。周子逸，你知道吗，那天离开学校后，我坐在公交车上，看着学校的的高楼一点点消失在视线里，我心痛得要死，我知道，有些日子是真的过去了，你也真的要离开我了。这两年，我一直在喜欢你，一直在猜你会不会知道我喜欢你，一直希望你也能喜欢我。这么纠结的日子，我终是要挥手再见了。

现在慢慢回忆，发现其实这么久，我们经历的不多，更多的，只是相互的陪伴、理解和鼓励，但却足以让我念念不忘。很残忍，这份友谊，竟然是以我的放手而告终的。周子逸，不知道以后你会如何看待这份两年的感情。

敲完这篇文章，已经凌晨四点。

我在电脑上点了删除键，你的QQ不再出现在我的好友列表。而在我的新手机上，我也把你的手机号删除了。虽然我知道，这不太管用，因为那几串关于你的号码我早已经了然于心，但不管有多困难，我也在努力地向你告别。

打开水龙头，好好洗把脸。可是，周子逸，我看到的是，镜子里我哭得红肿的眼，我听见的是那句沙哑的，我喜欢你，再见。

亲爱的嘉清爷

亦青舒

嘉清爷是高中时代后桌的同桌，我和她连起来，是一条笔直的对角线。这条对角线，常常能够很好地挡住九门功课各科老师的视线，因而嘉清爷常常肆无忌惮地在英语课上睡觉，在语文课上翻杂志，在政治课上玩手机，至于班主任熊熊的数学课，稍稍收敛，只敢戴着眼镜打盹。熊熊的眼神并不是那么的好，尤其讲到令自己陶醉其中的圆锥曲线就更加忘乎所以，常常把戴着黑框眼镜的嘉清爷当作正在认真听讲的好同志，于是注意力只是一味放在我这个看起来永远不在状态的数学白痴身上。当然除了我的眼神总是看起来格外茫然这个理由之外，还有一个更为重要的原因，那就是熊熊很清楚那张刚刚发下来的数学试卷我错得多么惨烈悲壮。于是我总是成为嘉清爷的挡箭牌，日子一久，我们之间的情谊就深厚起来。

嘉清爷那时候是文科班里的数学小能手，算起圆锥曲线来眼神犀利精准手法老练绝不含糊。我只有艳羡的份儿，课间里端着小凳巴巴儿地跑去让她替我讲题，口称"师父"不绝。嘉清爷笑，一板一眼地讲，讲完就收工埋头重新看起杂志来。我深知高三里人各有志，愿意停下自己冲刺高考的步伐抬眼理一理身旁的人也实属不易，班里出类拔萃的人才纵然多，但是于竞争之中不免显露出世态炎凉来。也只有她这个人，心有河海，不似凡俗。

座位保持不变从高二坐到高三。彼时三五个人坐在一起甚是亲密，一起在政治课上埋头深呼吸一口气划没完没了的重点，语文课上悄悄在桌子底下传着杂志和小说。晚自习又深又长，偶尔我抬头环视教室，看见九盏日光灯像九条鞭子一样横悬于我们头顶之上，周遭安静得只剩下在纸页上笔尖移动的声音。窗外是学校的小竹林，月色很好的时候，整个竹林浸泡在夜色和月光里，光影重叠。偶尔有风，竹影婆娑，非常漂亮。我常常发恨，不明白为何如此好的月色里我却要日复一日地算着乏味的题，写着那些背熟在心里散发着难闻气味的政治概念和历史事件。心口憋闷时和她写纸条，她也容忍我这文艺女青年式的矫情，好言劝慰。她的字不似一般女生娟秀，而是棱角分明的楷体，她说，蹲下是为了更好地站起来，想太多不如好好做几个题，哎，对了徒弟你昨天算错的那个题目今天会不会做？

彼时我总扬言要考厦大，却又一直和九十分的数学死磕。一模的结果出来那次排名难看得不行，我掉出年级前五十连重点线都没有上。回家的时候查牛津字典看见嘉清爷的信："老子就是扣了厦大校长当人质逼迫兼威胁，双管齐下，也要让你去厦大的。"她的玩笑永远霸气又腹黑，"你可是我徒弟。虎师无犬徒。"我忍了三节晚自习的眼泪，终于扑簌簌地落了下来。

她从不矫情，不爱说煽情的话，也不愿听。对一个人的好，总是无声无息。临近高考的时候，全班写志愿，我在教室后面的黑板上仰着脸费劲地找着她的那张心愿贴。但是上面没有写任何一个学府。她只是这样写："我尽我所能。"

后来我们一起来了武汉。阴差阳错地，我没能去厦大，却来了她当初没写在心愿贴上而藏在心底里的那座学府。而她在的那所学校的北门，正对着我们学校的南门。

一起吃着周黑鸭经过南门的时候，我们俩感慨着造化弄人世事无常，然后相视一笑。那一笑，恰似江湖故人。

武汉这座异乡让我们这两个游子变得更加亲厚。从光谷的风情街，到昙华林的文艺小店，从楚河汉街的绚烂灯火，到长江江滩下白如皑雪的芦苇荡，我们各处浪也各处留下脚印、欢笑和纪念。我是永远的路痴，她是迷路也气定神闲的元气少女，操着各种方言和生动表情问路，然后扭头拉着我气沉丹田地吼一声"我们走"。百度地图给我的安全感永远没有她给的多，在人潮拥挤的武汉，拽着她的衣角感觉自己能徒步走遍世界——千百次迷路也不怕。虽然两个二货也常常因为在地铁里聊天扯淡谈人生说着说着就坐过了站，然后互黑着站在地铁站里等下一趟车。两个梳着马尾穿着白球鞋的女生，絮絮叨叨地讲着永远也说不完的话，等着五分钟一趟的地铁，对面的镜子总映着我们的倒影：手挽着手，脸上堆满明晃晃的笑。不知怎的我总是对那幅倒影记得很深，总想着能伸手取下来装裱成画就好了。

　　能够挂在我们的岁月里，把时光凝成琥珀。

　　而每一次分离和告别，都是记忆里最最艰难和心酸的部分，武大和华师隔着一座天桥，每次我回去的时候，嘉清爷都默默地站在桥下望着我。嘉清爷在朋友圈里说过我："没有一次见过你不回头。早知道当初多做对几道题，现在能和你一起坐学校大巴回寝。免得你总是回望，而我除了再见又什么也不能说。"配着海绵宝宝和派大星两个二货比着剪刀手的图。看得我想笑又想哭。

　　异乡的艰难，在于没有妈妈的红烧肉，也没有熟悉到闭眼走也不会迷路的街道。偌大的一座城市，万家灯火点起来的时候却没有一盏是在等我的。咬牙在床上哭的时候手机震动收到她的短信，教会我一些如何成为一个大人的事情。譬如独立、勇敢和成熟。这些在我走读于初中高中时从未真正理解过的词语，是她言传身教着，让我懂得其间含义。她做的不仅仅是陪伴，在异乡的万丈迷津里，她是载我泅渡彼岸的船。

　　2014的尾声，我不顾自己告罄的生活费，情愿捉襟见肘地过日子低眉顺眼地吃食堂，也跑去给她挑了礼物。我喜欢用有形的物什固定一份无形的情感，仿佛那些没有被说出口的话，就能一直被保存着。那一日给她写了长长的邮件，写到最后觉得隐隐有泪。

好像是因为嘉清爷，我才知道有多喜欢"女汉子"这种生物。她们就像生活在这个假模假样的世界里真正的透明水晶，总有一颗透亮直白的心，是随时能够单枪匹马行侠仗义的女侠。她们手里不拿着扭捏的丝帕，她们也不裹着三寸金莲或者坐在被施了魔咒的古堡里等待王子出现就此获得解救然后上演以身相许的戏码。她们脚踏实地地活在现实里，打得了热水占得了座，既耐得住寂寞泡图书馆，也能穿着小皮靴跟着基友浪尽天涯。

想起新年一起在光谷倒数的时分，烟火绚烂照亮身旁女孩的脸，有说不出来的好看。闭着眼连说十二声"但愿人长久"之后，侧脸冲着对我傻笑的她轻轻说：

"嘿，新年快乐，我亲爱的嘉清爷。"

如果你也刚好喜欢我

成群飘

1

连着几天放学后被老师拉去当苦力，耽搁了半个小时才回家，又频频在路上遇见欧阳舸，我才知道，自己之所以放学总是找不到欧阳舸的身影，是因为他讨厌拥挤的人潮，总是等到人都走完了，才慢悠悠地踱回家。

此刻，他在离我不到两米的前方，耳朵上挂了副耳机，书包随意地搭在肩上，就这样闲闲地走着。

我努力地维持着两米的动态平衡，顺便感叹一下男神人真高啊！腿真长啊！

戴个耳机都比别人帅啊！

不行不行，心要蹦出来了！

噢卖糕的！

跟踪到一处十字路口，男神潇洒往右侧一拐，继续前行，我站在原地权衡了半天利弊，眼前浮现黄女士变身唐僧的画面，只好依依不舍地往男神远去的背影望了一眼，然后拔腿往相反方向狂奔而去。

男神，我们来日方长啊！

等我！

2

经过这些天的跟踪，我发现自己真的很有当私家侦探的天赋。

每天放学各种磨蹭拖到十二点半才出校门，其间闺密因无法忍受饥饿之苦而自己先去吃饭，我成功地甩开了闺密。

接着各种小心翼翼贼眉鼠眼往男神班级的方向瞄，直到发现目标人物，待他走远后再不动声色地跟上去，一路跟到男神家所在小区，深情目送男神走进楼梯间。

接着以火箭般的速度沿着反方向狂奔回家吃午饭，吃完收拾洗碗，回屋做作业，一切天衣无缝。

其间我还修炼出新技能，给自己施了个金刚罩的咒，自动屏蔽我妈日复一日的"夏忆龄你现在怎么每天这么晚才回家，说，是不是去干坏事了？是不是是不是……"

真是感觉自己棒棒哒！

3

可惜天衣无缝的计划很快就破产了。

男神也不是每次都是独行侠，很多时候都和他的好朋友们一起走。

上次，我跟往常一样一路跟踪男神，其间从四面八方蹿出几个电灯泡，对我的男神进行全方位的语言调戏，我不得已拉开和男神默契的两米距离，怕被发现了。

相安无事地走着走着，情况有变。

前面突然爆出一阵笑声，其中一只电灯泡把猪爪子搭在男神肩上，跟他说着什么，还回头神秘兮兮地看了我一眼，笑得贼贱。

看什么看，没见过私家侦探吗？！

然后突然男神就看过来了，目光平静，末了还轻轻地皱起眉头，随着他的动作，感觉心脏瞬间皱成一团，怪疼的。

我只当没看见，面无表情地加快步伐从他们面前消失。

喜欢这种事，最怕的就是自作多情了，所以趁着还没掉太深，趁早爬出来为妙。

嗯，妥妥的。

4

不过同在一所学校，抬头不见低头见，反正就是要见。

我戴着值日生的袖章，面无表情走过高二的队伍，走到他面前，"欧阳舸，把校服拉链拉上，里面扣子扣起来。"

某电灯泡插嘴："学妹，你怎么知道他叫欧阳舸啊！"

我瞪了他一眼："胸前校章写着！还有你，把校章戴上！"

偷偷瞄了男神一眼，男神低头安静地拉拉链，扣扣子，没什么不妥。

唉。

我的心情特别不好。

回家上楼的时候碰到了出来倒垃圾的表哥，一看到他我就想起了一件事，"啊！臭宁远，我终于知道你突然变得那么善良还给我送牛奶的原因了！这个月我都胖了三斤了！"

宁远茫然看着我："啊，其实吧……"

"我不想听，别解释！解释就是掩饰，掩饰就是讲故事！再见！"哈哈，他肯定还会给我送牛奶哒，激将法对他来说真是屡试不爽。

5

　　如果我有一个大喇叭,我一定恨不得到街上四处吼,号外号外,太阳从西边出来了,男神竟然要来体验人挤人的销魂感觉了!

　　反正我是实在猜不出男神突然改变路线的原因,不过……

　　现在就不是我在跟踪你了啊,实在是我们顺路啊有没有?!

　　突然想起自己当初还说要趁早爬出来来着……

　　咦,我当初有说过吗?

6

　　依稀记得把男神勾搭到手的那天是一个美美的艳阳天,男神还特别应景地穿了一双很帅的鞋。

　　一切都很好,有点儿美中不足的就是我有点小失落,被数学虐死了,还被老师教育了一番。

　　我盯着男神炫酷拽的鞋,有点儿走神,拐过一个路口,还没反应过来就被人一把推向墙壁,那双炫酷拽的鞋就在我眼前。

　　我盯着它,想到的第一个词是壁咚,第一句话是,"不好意思我不约,你很帅我也不约……"

　　噢,好吧,我已经说不出话了,盯着男神的衣领,目光呆滞。

　　男神轻启唇:"夏忆龄?"

　　"啊?你怎么知道……"

　　"喏。"哦,校章上有。

　　男神再启唇:"你为什么一直跟着我?"

　　我掩饰:"没有啊,我们顺路而已顺路而已……"

　　男神视若未闻:"以后不要再跟着我了!"

我继续掩饰:"真的没有!我就是……"话未说完被打断。

"以后一起走吧。"

"啊?!……哦。"

7

那真是个傻姑娘,尽管第一次见到她是在高一新生入学典礼上。

她作为学生代表上台讲话,站在国旗下,笑得好不灿烂,牙齿在阳光下闪闪发光。

她念完那篇长长的稿子,大喘了一口气,又扑哧一声笑了,一双眼睛弯成了月牙。

她说:"好了,我要说的最后一句话是……"她眨眨眼睛,突然大喊"高二的学长们!我来啦!!"

全场大笑。

我突然觉得,这个姑娘,很有趣。

后来我发现,每次放学后她都走在我后面,不紧不慢,像个小老太太。

有一次我和几个同学一起走,他们在我身旁笑得欢快:"看!那个小姑娘又跟着你了!兄弟我告诉你,我可观察好久了啊!"

我回头看了她一眼,阳光很刺眼,我皱了皱眉头,就看见她的脸皱成包子,从我面前快跑过去了。

我和他们说:"那个笨蛋呐!"

他们笑得更欢快了。

她来检查仪容仪表,免不了要被他们几个调侃一番,我看着她红成苹果的脸,默念要忍住不要笑不要露馅。

我拜托同学给她带的牛奶,她竟然一直没发现,真是笨。

有一阵子放学后都没看到她,我竟然有点不习惯。

后来我想,既然她早走,那我也早点,不就可以遇上她了吗?

那一天她看起来有点儿失落，我在半路堵住她，故意问她为什么一直跟着我，她撒谎的时候眼睛一眨一眨的。

　　很可爱。

　　我骗她说是看校章才知道她的名字的，可其实开学第一天我就记住了这个特别的名字。

　　然后我说出了一直想说的话，我说，以后一起走吧。

　　她似乎很惊讶，呆呆地回了我一个"哦"字。

　　可为什么晚霞悄悄爬上了她的双颊？

　　其实这一切，她不知道又怎样，我有的是时间，一件一件，慢慢地告诉她。